직장인의
건강혁명

직장인의 건강혁명

초판 1쇄 발행 2012년 6월 27일

지은이 | 김난희
감　수 | 한희준
펴낸이 | 전용준
펴낸곳 | 보아스

주소 | 서울시 마포구 성산1동 629-14번지 1층
전화 | 02-332-1238
팩스 | 02-335-1238
이메일 | boazbook@naver.com

ISBN | 978-89-966167-6-4 13320

The Health Revolution in your office

직장인의 건강혁명

김난희 지음 | 한희준 감수

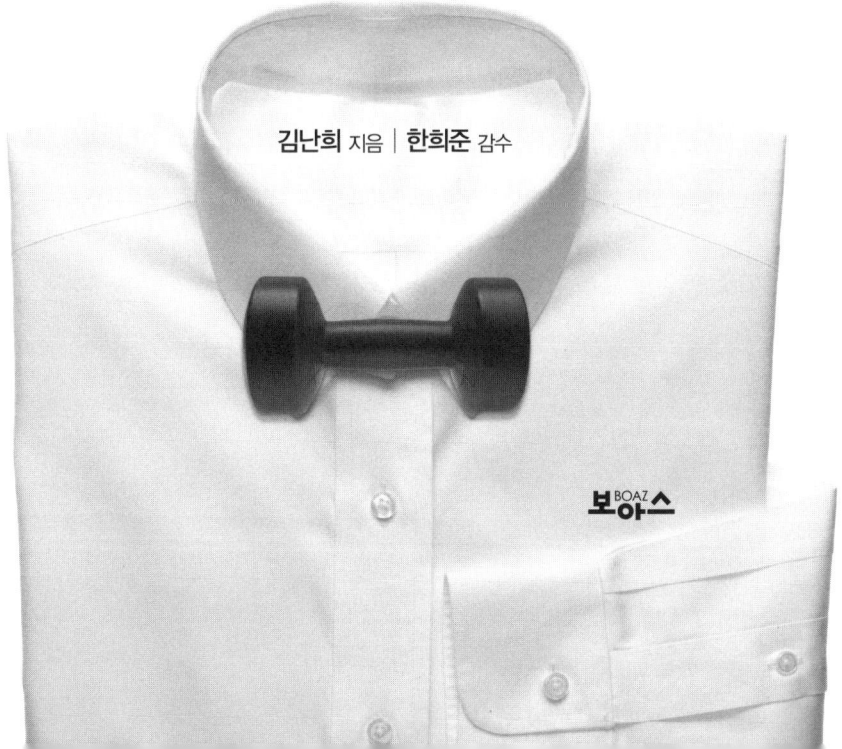

보아스
BOAZ

회사는 건강한 직장인을 원한다

대기업 홍보실에 다니는 유진 씨. 일 잘하고, 성격 좋고, 얼굴도 예쁜 그녀에게 딱 한 가지 아쉬운 점이 있다면 그다지 좋지 않은 '건강'이다. 오죽하면 별명이 '걸어 다니는 종합병원'일까. 유진 씨는 무엇보다 체력이 약하다. 전날 야근이라도 하면 다음 날 어김없이 지각하고, 환절기마다 감기와 알레르기 때문에 이틀에 한 번은 병원에 가야 한다. 그뿐만이 아니다. 무거운 짐을 드는 것도 아닌데 손목이나 어깨에 탈이 쉽게 나, 한의원으로 침 맞으러 가는 일도 잦다. 심지어 최근에는 멀쩡하게 길을 가다가 갑자기 넘어지는 바람에 발가락에 금이 가기까지 했다.

깁스에 목발을 짚고 출근한 유진 씨에게 부서장은 "내가 너한테 무슨 일을 시키겠느냐"면서 한숨을 내쉬었다. 또 다른 동료는

"유진 씨는 그냥 부잣집으로 시집가서 쇼핑이나 하면서 사는 게 낫겠다"며 핀잔인지 위로인지 모를 말을 던졌다.

좀체 말을 안 듣는 몸 때문에 괴로운 것은 유진 씨 자신이었다. 누구보다 일 욕심이 많은 유진 씨는 영양제, 효소제, 유산균 등 각종 건강보조제를 꼬박꼬박 챙겨 먹으면서까지 버텨내 직장에서 인정받고 싶었다. 그런데도 아침마다 유진 씨의 몸은 천근만근이다. 병원에 가지 않고 버틸 수도 없는 상황이라 속상할 때가 한두 번이 아니다.

평소 친하다고 생각했던 동료가 "유진 씨는 근무시간의 2할은 병원 다니는 데 쓰는 것 같아"라면서 무심코 내뱉은 말을 들은 유진 씨는 직장을 그만두는 것이 자신을 위해서나 동료들을 위해 낫지 않을까 싶어 심각하게 고민 중이다.

주변을 둘러보면 유진 씨 같은 사람이 종종 있다. 맡은 프로젝트마다 결과는 좋은데, 정작 건강 문제가 근무태도 문제로 직결되는 바람에 상사의 눈총을 받거나 내부평가에서 점수를 제대로 받지 못하는 사람들이 그렇다. 이런 사람들은 주변에 끼치는 민폐도 문제지만 본인 스스로 힘이 너무 든다. 몸은 몸대로 지치고, 주변 눈치는 눈치대로 보여서 일을 하면서도 항상 불안해한다.

이제는 기업이 직원들의 건강문제에 적극적으로 관심을 두기 시작했다. 연례행사처럼 형식적으로 진행했던 건강검진도 이전에 비해 실질적으로 이뤄지고 있고, 흡연문제를 인사고과에 반영하는 기업도 등장했다. 회사가 나서서 '금연하지 않으면 승진할 수 없다'는 인식을 주지시키며 강제적으로 직원들의 건강을 챙기고 있는 것이다.

개인의 건강은 업무성과나 조직관리에 직접적인 영향을 미친다. '직원이 병이 나서 자리를 비우면 해당부서의 업무에 차질이 생길 수밖에 없고, 당장 업무에 해를 끼칠만한 병에 걸리지 않았더라도 체질이 허약하거나 흡연자는 장차 병에 걸릴 수 있다'는 판단 아래 조직이 직원들의 건강관리에 장기적으로 신경 쓰게 된 것이다.

회사가 직원들에게 주는 월급은 현재 하고 있는 업무에 대한 보상이지만 장차 회사에 기여할 성과에 대한 투자이기도 하다. 그러니 부실한 직원에게 투자하는 것은 회사 입장에서 손실일 수밖에 없다. 실제로 그런 일은 흔하게 벌어진다.

물론 직장생활의 영향으로 직장인에게 병이 생기는 경우도 있다. 직장인 라이프스타일 매거진 「M25」에서 실시한 설문조사에 따르면 '직장생활을 하면서 생긴 특정 직업병이 있는가'라는 질문에 94.5퍼센트가 '있다'라고 답했다. 직업병의 종류로는 신체 특정부위의 질환이 1위(33퍼센트), 탈모·비만·피부트러블 등의 신체적 변화가 2위(31퍼센트)를 차지했다. 그 외에 우울증·화병·무기력증 등의 정신적 질환이 15.1퍼센트, 직업으로 인한 행동양식의 변화가 12.4퍼센트, 커피·담배·술 등에 대한 중독증세가 8.5퍼센트 순이었다.

　하지만 이런 경우라도 예외는 아니다. 회사는 투자비용 대비 최고의 업무효율을 기대하고 있다. 이 때문에 직원은 스스로 몸을 돌보고 지켜야 한다. 그래야 업무능력도 제대로 발휘된다.

　직장인들에게 주어진 숙제는 숨이 막힐 정도로 많다. 탁월한 업무능력, 언제 어디서나 써먹을 수 있는 외국어 실력, 톡톡 튀는 남다른 기획력 등 회사는 너무나 많은 것을 바란다. 그러다 보니 직장인의 건강관리는 각자의 몫으로 남게 마련이다. 하지만 회사가 원하는 모든 것을 떠나 건강은 절대 놓쳐서는 안 된다. 건강을 놓치면 아무리 능력이 좋아도, 정말 기발한 기획안이 있어도 세상에 내보일 수가 없다. 사회적으로 성공한 사람들 대부분이 능력에 앞서 건강을 강조하는 것은 그 때문이다.

　이 책은 회사 일에 쫓겨 웬만한 증상은 그냥 넘기고 마는 직장인들이 방심하다 병을 키우는 일이 없기를 바라는 마음에서 쓴 것이다. 건강이 얼마나 중요한지는 익히 알고 있지만 바쁜 회사일 때문에 미처 신경 쓰지 못하는 직장인들이 노출되기 쉬운 질병과 증상을 중심으로 각 장을 분류했으며, 평소 건강한 생활습관으로 질병을 예방할 수 있도록 조언하는 데 비중을 많이 두었다.

　물론 전문적인 치료가 필요한 질병이 있다면 당장 병원에 가서 치료를 받는 것이 좋다. 하지만 이미 발병한 뒤에는 병원에 가더라도 회복하는 데 시간과 비용이 많이 들고 건강을 완전히 되찾기도 어렵다. 평소 건강에 관심을 갖고 건강을 유지하는 습관을 들인다면 많은 질병을 예방하거나 증상을 완화할 수 있다.

직장에서 인정받고 사회에서 성공하고 싶다면 건강의 중요성을 인식하고 모든 활동의 중심에 '건강'을 두어야 한다. 생각의 차이가 행동의 차이를 만든다. 건강에 대한 올바른 인식이 건강한 몸과 마음, 건강한 직장생활을 만든다. 그것이 바로 회사가 원하는 건강한 직장인이다.

건강한 직장인 되기 3대 포인트

건강한 직장생활은 행복한 가정생활과 삶에 대한 높은 만족도, 나아가 즐거운 노후준비까지 연결된다. 가장 왕성하게 활동해야 할 시기에 건강을 지키지 못하면 그 모든 것을 한꺼번에 잃을 수 있다. 따라서 일하고 돈 벌고 사회적으로 성공하는 것 못지않게 건강이 중요하다는 사실을 항상 기억하고 평소 건강관리에 관심을 기울여야 한다.

포인트 1: 약이 되는 음식을 섭취하라

건강관리에서 가장 중요한 것이 음식이다. 음식은 우리 몸의 에너지원이 되는 동시에 몸을 살릴 수도, 죽일 수도 있는 절대적인 요소다. 그런데 직장인들은 집에서 하루에 한 끼를 먹기도 힘들다. 아침에는 출근하기 바빠서 식사를 거른 채 허겁지겁 달려 나오고, 점심은 직장 근처 음식점에서 먹는다. 저녁 역시 야근이나 회식 때문에 밖에서 먹는 일이 태반이다. 시간이 없다는 이유로 패스트푸드도 많이 찾는 실정이다. 그러다 보니 계획적인 식이요법은커녕 건강에 좋은 음식만 골라 먹는 일도 힘들다.

밖에서 먹는 음식의 상당수가 기름기가 많거나 조미료, 방부제, 발색제 등이 다량으로 들어가 있어 결코 몸에 좋다고 할 수 없다.

이런 식의 식사에 길들여지면 자기도 모르게 입맛이 변해서 담백한 음식보다 달고 짜고 기름진 음식을 찾게 된다. 결국 영양불균형을 초래하고 비만을 유발하며 갖가지 질병으로 이어진다.

의학의 아버지 히포크라테스는 "밥이 약이 되게 하라"고 했다. 모든 병을 예방하고 치료하는 데는 음식이 기본이라는 얘기다. 한 끼 한 끼 식사 때마다 음식 한 그릇, 한 그릇을 약이라고 생각하고 먹어야 한다. 그러기 위해서는 비타민과 미네랄이 충분하게 함유되어 있는 채소와 과일, 콩을 비롯한 식물성 단백질의 섭취를 늘려야 한다. 탄수화물과 지방 등의 섭취는 되도록 줄이되, 같은 탄수화물이라도 백미나 밀가루보다는 현미나 기장·수수 같은 통곡식 잡곡밥으로, 지방도 생선이나 올리브오일·들기름 같은 식물성 기름 등 질 좋고 건강에 좋은 식품으로 선택해서 섭취해야 한다.

음식을 가려가면서 조금씩 먹어야 건강하고 즐겁게 먹을 수 있다는 것을 기억하고, 평소 식탐을 줄이고 입보다는 몸이 좋아하는 음식을 섭취하도록 노력해야 한다.

한 가지 더 덧붙이자면, 음식을 섭취하는 시간과 음식의 양도 규칙을 정하는 것이 좋다. 우리의 몸은 음식이 들어오는 시간과 양을 기억하고 그에 따라 대비하게 되는데 이 같은 예측을 깨뜨리면 몸이 당황하게 된다. 음식이 규칙적으로 유입되지 않으면 몸은 언제 양분이 공급될지 몰라 필요 이상의 열량을 비축해 비만을 야기하게 되고, 탄수화물을 짧은 시간 안에 과다 섭취하면 혈당이 급격히 올라가 췌장의 베타세포에서 더 많은 인슐린을 분비해 당뇨병 위험이 높아진다. 몸이 당황하게 된 결과이다. 적당량의 음식을 날마다 규칙적으로 먹어야 인체의 소화기 및 순환기 활동도 원활하고 비만도 예방할 수 있다.

포인트 2: 많이 움직여라

직장인 대부분이 운동부족에 시달리고 있다. 아침에 눈뜨자마자 허겁지겁 출근해서 하루가 어떻게 지나가는지 모를 만큼 정신없이 일하다가 한밤중이 되어서야 야근에, 또는 술에 지친 몸을 이끌고 퇴근하면 씻기도 힘들 정도로 녹초가 되고 만다. 그렇게 쓰러졌다가 다음 날 일어나면 똑같은 일상이 반복된다. 주말이 오면 이때다 싶어 늦잠을 자고, 소파에 누워 뒹굴며 텔레비전을 보고, 자장면 같은 배달음식을 시켜먹고 빈둥거리면서 시간을 보낸다.

또한 직장인들 대부분이 출근해서 책상 앞에 한 번 앉으면 점심 식사 때, 퇴근 때 빼고는 거의 일어나지 않으려고 한다. 이렇게 책상 앞에 앉아만 있으려고 하면 점점 꼼짝도 하지 않으려는 습관에 길들여지게 된다. 움직이는 것 자체를 귀찮게 생각하면서 앉아만 있으려고 하다 보니 체력은 점점 저하될 뿐이다.

1주일에 몇 번씩 집 근처 학교 운동장에서, 또는 헬스클럽, 요가 학원 등에서 운동을 하면 좋겠지만 시간 내기가 힘든 직장인이 대부분일 것이다. 그렇다면 일상생활에서 조금씩 더 움직이려고 노력하는 수밖에 없다.

아침에 30분 일찍 일어나서 맨손체조라도 한 번 하고 출근하는 것부터 시작하자. 사무실에서는 일하는 중간 중간 스트레칭을 통해 경직된 몸을 풀어준다. 점심은 시켜먹지 말고 한두 블록 떨어진 곳으로 걸어가서 먹으면 오고가는 동안 운동의 기회까지 가질 수 있다. 퇴근해서는 버스나 지하철을 타고 가다가 한두 정거장 전에 내려서 집까지 걸어가면 좋다.

시간이 너무 없다면 '걷기'라도 반드시 하라. 보통 걷기는 운동이 아니라고 생각하는데 사실 가장 쉬우면서 효과적인 운동이다. 엘리베이터보다 계단을, 승용차보다 대중교통을 이용해 조금이라도 걷는 시간을 늘리자.

모든 것은 마음먹기에 달려 있다. 하기 싫다고 생각하면 한없이

하기 싫어지고, 재미있다고 생각하면 쉽게 동기를 발견할 수 있다. 만성피로에 사로잡혀 한없이 늘어져 있지 말고 어떻게든 움직이겠다는 마음가짐이 지금 책상 앞에 앉아만 있는 직장인에게 필요하다.

너무 운동을 열심히 해서 탈이 나는 경우도 있다. 직장인 중에는 운동 중독이라고 할 만큼 운동에 집착하는 사람도 있다. 남성 직장인 중에 많은데, 이들 대부분은 헬스클럽에서 근육을 키우는 일에 집중한다. 이는 텔레비전 등 대중매체를 중심으로 불어온 '몸짱' 열풍의 영향이 크다. 하지만 근육을 키우는 데 집중해 무리하게 운동을 하는 것은 몸을 망치는 지름길이다. 단백질 보조제를 먹어가면서까지 근육을 키우려는 목적은 개인마다 다르겠지만, 운동의 목적이 단지 모델 같은 몸을 만들기 위해서라면 재고해볼 필요가 있다.

운동은 내 몸이 받아들일 수 있는 종목과 강도로 실시해야 한다. 식사를 거르면서까지 체중조절을 하거나 이상적인 몸매를 만들기 위해 애쓰는 것은 결코 건강에 도움이 되지 않는다. 운동의 목적은 어디까지나 건강증진이어야 한다는 것을 잊지 말자.

포인트 3: 적극적으로 질병을 관리하라

마지막으로 반드시 짚어 넘어가야 할 것이 질병관리다. 직장인들 대부분은 자기도 모르는 사이에 한두 가지 질병을 안고 산다.

감기인 줄 알았는데 비염이나 축농증인 경우는 흔하다. 위염이나 위궤양을 단순한 소화불량이나 속쓰림으로 치부하고 넘어가는 경우도 많다.

이런 질병들을 분명히 인지하고 꾸준히 치료하는 것은 매우 중요하다. 직장인들 대부분은 면역력이 약해서 인체 본연의 자정능력이나 항상성이 떨어져 있다. 이 때문에 작은 질병에 걸려도 쉽게 회복하지 못하고 병원신세를 지는 일이 많다. 무심히 시간을 보내는 것만으로도 병을 키우는 것이다. 직장에서 건강보험을 가입하고 정기적으로 건강검진을 실시하는 것도 이 같은 이유에서다.

건강한 사람만이 업무효율을 낼 수 있고 직장이 원하는 결과물을 만들 수 있다. 요즘 회사는 건강을 개인의 능력이나 경쟁력으로 간주한다. 실제로도 질병이 있는 직원은 업무효율이 낮거나 결근 등으로 조직 전체의 실적 향상을 저해하는 경우가 많다. 직장이란 무엇보다 효율을 우선으로 하기 때문에 인성이 좋다거나 대인관계가 좋은 것만으로는 만족시킬 수 없는 부분이 있다.

작은 병이라도 섣불리 넘겨서는 안 된다. 인체는 모든 기관과 조직이 유기적으로 연결되어 있기 때문에 어느 한 곳에서 누수가 생기면 연쇄적으로 병이 생기거나 악화된다. 당장 극심한 통증이 없다고 해서, 누구나 이 정도 병은 갖고 있다고 판단해서 자신의 몸을 소홀히 다뤄서는 안 된다.

일이 바빠서, 동료들의 눈치가 보여서 병원에 가는 일을 미뤄서도 안 된다. 요즘은 고개만 돌리면 병원이 있고 직장인들의 점심시간에도 진료를 하므로 얼마든지 병원에 갈 수 있다. 업무시간 중에는 도저히 시간이 나지 않는다고 하면 야간진료를 하는 병원을 찾으면 된다. 몸에 조금이라도 이상이 있으면 하루라도 빨리 병원에 가서 치료를 받아야 한다.

몸은 한번 망가지면 절대 원래대로 복귀할 수 없는 소중한 대상이다. 아무리 값비싼 그 무엇이라도 돈으로 살 수 있지만 우리 몸은 치아 하나라도 문제가 생기면 영구히 상실하고 만다.

타고난 그대로의 아름다움과 기능을 평생 유지하고 잘 활용하기 위해서는 항상 몸과 건강관리에 만전을 기해야 한다. 아무리 중요한 프로젝트라도, 아무리 화급한 업무라도 내 몸보다 앞설 수는 없다는 사실을 항상 기억해야 한다.

1장

이목구비,
모양보다 건강이 중요하다

사람의 얼굴에는 신체 내부와 연결되어 있는 감각기관이 다양하게 자리하고 있다. 이 때문에 얼굴관리를 잘 못하면 건강에 문제가 생길 소지가 크다. 요즘은 얼굴관리가 이목구비를 예쁘게 고치는 성형수술에 치중되어 있는 경향이 있다.
직장인들은 사무실이나 업무 환경 때문에 이목구비의 질병에 노출되는 일이 많다. 직장생활을 하자면 얼굴 생김새나 이미지보다 건강관리가 중요하다는 사실을 잊어서는 안 된다.

남녀 구분 없는
직장인 탈모

자동차 세일즈를 하고 있는 영식 씨는 35세로 근무하는 영업점의 '판매왕' 자리를 3년째 지키고 있다. 하지만 잘나가는 그에게도 한 가지 고민이 있었으니 '소갈머리'가 없다는 것. 얼굴도 작고 피부도 하얀 편이어서 '꽃미남' 소리를 곧잘 듣지만 2년 전부터 정수리 부분이 훤해지기 시작하더니 지금은 탈모 부위가 탁구공보다 커졌다. 다행히 키가 커서 그의 탈모 사실을 아는 사람은 별로 없지만 어떻게든 다른 사람들에게 정수리를 보이지 않으려고 애쓰느라 스트레스가 더 쌓여서 탈모가 점점 심해지는 것 같다고 생각한다.

중년 남성의 상징으로 여겨지던 탈모가 나타나는 연령층이 낮아지고 있다. 탈모 증세로 병원에 찾아가 진료를 받은 환자의 수도 급증하고 있다. 2010년 기준, 탈모 증상으로 병원을 찾은 사람은 18만 명으로 2006년 15만 6,000명이었던 것에 비해 15퍼센트나 늘어난 수치다. 여기서 주목해야 할 점은 이들 가운데 60퍼센트가 40세 미만이라는 것이다.

40세 미만 직장인들이 탈모가 되는 데는 유전적인 요인 외에도 과도한 스트레스, 잦은 음주 및 흡연, 불규칙한 생활습관, 영양 불균형, 환경오염, 불결한 두피관리, 급격한 다이어트 등이 영향을 미치고 있다. 특히 과도한 스트레스와 음주는 아드레날린의 분비를 촉진시켜 모근의 피지 분비를 늘리며 혈액을 산성화시킨다. 그뿐만 아니라 두피의 혈액순환과 영양공급을 저해하고 체내의 항산화 물질을 파괴해 두피를 노화시켜 탈모를 촉진한다. 운동부족과 흡연도 혈액순환을 저해해 두피 건강을 해치는 것으로 알려져 있다.

한 여론조사 업체의 조사 결과, 직장인 52.2퍼센트가 '경기불황으로 인한 신체적·정신적 스트레스가 고민'이라고 답했는데, 그중 6.3퍼센트는 정신적인 스트레스로 인해 탈모 증상을 앓는 것으로 조사됐다.

여성도 예외는 아니다. 여성들은 앞서 언급한 다양한 원인 외에 염색이나 파마, 드라이 등으로 두피와 모발이 받는 스트레스가 모발 약화 및 탈모로 이어지고 있다.

누구에게나 찾아오는 원형탈모증

주부나 직장인 등 장년층에서 주로 발생하는 원형탈모증의 대상
이 점점 확대되어 대입 수험생이나 취업 준비생 등 스트레스가 많
은 청년층에서도 발병하고 있다. 원형탈모증은 지름 5밀리미터 이
상의 동그란 모양으로 갑자기 모발이 빠지는 증상을 일컫는다. 이
는 유전이나 과도한 스트레스로 인한 자가면역질환으로 발생한다.

자가면역질환은 인체의 면역기능에 문제가 생겨 자기의 장기조
직에 대해 항체를 생산하거나 체조직의 일부가 병적인 물질로 변
형되어 스스로 자기 몸을 공격하는 질환을 가리킨다. 탈모의 경우,
인체의 면역세포인 T-임파구가 모발을 체외세포로 인식하여 공격
하면서 발생한다. 그런데 주의해야 할 점은 원형탈모증 환자에게
서 갑상선기능항진증과 같은 자가면역질환이 발생할 가능성이 높
다는 것이다. 갑상선기능항진증은 갑상선에서 분비되는 호르몬이
과다하게 분비되어 갑상선 중독증을 일으키는 것으로 피로나 근력
약화부터 안구질환, 근육마비에 이르기까지 다양한 증상을 불러일
으킨다.

원형탈모증은 주로 두피에서 발견되지만 눈썹, 겨드랑이 등 체
모가 있는 곳이면 어디든 나타날 수 있다. 원형탈모증을 방치할 경
우 주변으로 번지거나 영구 탈모가 될 수 있기 때문에 발견 즉시
전문의의 치료를 받아야 한다.

원형탈모증의 치료에는 주로 국소 스테로이드 주사, 바르는 발

모제인 미녹시딜minoxidil 제제, 비타민 보조요법 등이 사용되며 헤어레이저 또는 두피와 모발의 성장을 촉진하는 성분의 약물을 두피 아래 주사하는 메조테라피 등이 활용되기도 한다. 그러나 일단 원형탈모증이 생기면 완치될 때까지 수개월이 걸리기 때문에 평소 스트레스 관리에 만전을 기해야 한다.

정확한 진단으로 적합한 치료법 선정

탈모증상으로 의심될 때는 어설픈 민간요법보다 전문 병원에서 정확히 검사를 받은 후 치료받는 것이 효과적이다. 전문가들은 탈모가 시작되었을 때 치료하지 않고 방치한 환자의 80퍼센트에서 추가적인 탈모현상이 나타난다고 경고한다.

시중에 나와 있는 탈모 치료제로는 미녹시딜, 피나스테리드finasteride 성분의 약품이 있다. 그중 피나스테리드 제제는 전문의약품으로 의사의 처방을 받아야 하며 미녹시딜 제제는 약국에서 구입할 수 있다.

탈모 전문 클리닉에서는 두피에 영양물질을 직접 공급해 모근을 건강하게 하고 모발 생성을 촉진시키는 '메조테라피', 환자 자신의 혈액 중 혈소판이 풍부한 혈장인 플레이틀러트 리치 플라즈마Platelet Rich Plasma만을 분리해 치유가 필요하거나 통증이 있는 조직에 주입함으로써 세포증식과 조직재생을 돕는 'PRP자가혈주사요법', 자가 혈소판을 추출해 탈모부위에 이식하는 '스마트프렙^{Smart} PReP2 APC+' 등의 방법을 쓰고 있다.

이미 탈모가 많이 진행된 경우에는 '자가모발이식술'을 고려해 볼 수 있다. 자가모발이식술은 탈모가 생기지 않은 환자 당사자의 머리 뒷부분에서 머리카락을 포함한 두피를 떼어내 탈모가 진행 중인 부위에 옮겨 심는 방법이다. 물리적, 심리적인 부담이 크기는 하지만 가장 효과적인 치료법이라고 할 수 있다.

탈모를 예방하는 식·생활습관

모발은 전신건강을 대변하는 지표라고 할 수 있다. 뇌하수체, 갑상선, 부신피질, 성선(난소나 고환) 등과 같이 뇌하수체 전엽에서 분비되는 호르몬이 모발 건강에 직접적인 영향을 미치기 때문에 모발 건강이 급격히 나빠졌다면 이들 호르몬의 이상을 의심해 볼 수 있다. 따라서 모발 자체를 관리하는 것만으로는 탈모를 벗어나기 어렵다. 국소적 탈모 치료로는 모발이 새로 난다 해도 튼튼하게 자리 잡지 못하고 이내 빠지거나 탄력과 윤기가 없어 건강하게 유지하기 어렵다. 탈모 관리에서 균형 잡힌 식사와 규칙적인 운동, 충분한 휴식 등 생활습관 개선을 강조하는 것은 바로 이 때문이다.

탈모 예방과 개선을 위해서는 평소 모발이 잘 자라고 튼튼하게 하는 데 도움이 되는 비타민 E와 비타민 B, 모발 성장에 관여하는 단백질 식품을 자주 섭취해야 한다. 평소 콩이나 두부, 생선, 달걀 등 단백질 함량이 높은 식품을 자주 섭취하면 모발을 건강하게 관리하는 데 도움이 된다. 미역이나 김도 두피와 모발 건강에 좋은 식품이다.

자외선이 강한 시간에 야외활동을 할 때는 모자를 착용해 두피가 자외선에 직접 노출되지 않도록 주의해야 한다. 하지만 장시간의 모자 착용은 두피의 호흡을 방해해 오히려 탈모의 원인이 될 수 있으므로 틈틈이 모자를 벗어 통풍을 시켜주는 것이 좋다.

탈모와 비듬을 예방하는 머리 감는 법

머리를 감을 때는 먼저 부드러운 빗으로 빗질을 해서 머리카락에 붙어 있던 먼지와 노폐물을 제거한다. 따뜻한 물에 머리를 담가 머리 전체가 따뜻해지면 샴푸를 쓰는데, 샴푸는 손에서 충분히 거품을 낸 뒤 머리카락에 골고루 발라준다. 손끝으로 두피를 마사지해서 모공 속에 쌓인 노폐물과 피지를 제거한다. 이때 손톱으로 두피를 직접 자극하면 두피에 상처가 날 수 있으므로 손가락 끝의 지문이 있는 부위로 구석구석 부드럽게 마사지한다.

머리를 감을 때는 샴푸를 하는 것보다 헹구는 것이 더 중요하다. 머리에 샴푸 성분이 남아 있으면 탈모와 비듬의 원인이 되므로 충분히 헹군다. 샤워기를 틀어놓고 아래쪽에서 위로 쓸어 올리듯이 헹궈주는 것이 효과적이다.

　머리는 아침보다 저녁에 감는 편이 두피건강에 좋다. 젖은 머리카락은 손상되기 쉬우므로 머리카락을 타월로 비비거나 거칠게 털어내는 것은 삼간다. 머리를 말릴 때는 타월로 감싸서 톡톡 두드리

면서 물기를 제거한 뒤 자연 상태에서 건조시키거나 드라이어로 가볍게 말린다. 드라이어는 머리에서 10센티미터 이상 거리를 두어 뜨거운 바람이 머리에 직접 닿지 않도록 한다. 머리를 완전히 건조 시키는 대신 습기가 약간 느껴질 때까지만 사용한 뒤 자연스럽게 마르도록 하는 것이 모발 손상을 줄이는 방법이다.

직장 내 업무환경이
안구건조증 부른다

웹 디자이너인 수영 씨. 중학교 때부터 안경을 썼지만 30세가 되도록 시력이 크게 떨어지지 않아 큰 걱정은 없었다. 그런데 얼마 전부터 오후 5시 무렵이면 눈이 따갑고 충혈되면서 시야가 흐려지곤 했다. 안경에 문제가 있나 싶어 안경점에 갔더니 시력 변동도 없고, 안경도 괜찮다고 했다. 그래도 걱정스런 마음이 가시지 않자 안과를 방문했다. 수영 씨의 눈을 검진한 안과 전문의가 내린 진단명은 안구건조증이었다. 의사는 그녀에게 약해져 있는 눈에 자극을 줄 수 있으니 메이크업도 하지 말고 컴퓨터 사용도 자제하라고 했다. 하루 종일 컴퓨터를 사용해야 하는 웹 디자이너인 수영 씨 입장에서는 난감할 따름이다.

아침에 일어났을 때 눈이 뻑뻑하고 침침하며 시야가 뿌옇고 겹쳐 보이거나 흔들려 보이는가? 눈에 눈썹이나 먼지가 들어갔을 때처럼 이물감을 느껴지거나 눈꺼풀이 무겁고 눈이 쉽게 피로감을 느끼며, 시리고 따끔거리는 등의 안구 통증, 두통이 종종 있는가? 이 같은 증상이 느껴진다면 당신의 눈은 바로 안구건조증에 걸린 것이다. 이런 상태에서 손으로 눈을 비비거나 만지면 각막 손상이나 세균 감염으로 발전할 수 있고 심하면 시력을 잃을 수도 있다.

우리나라에서는 성인 인구의 10명 중 3명이 앓고 있을 만큼 안구건조증은 흔한 질환이다. 예전에는 65세 이상의 노인층에서 안구건조증이 주로 나타났지만 최근에는 디지털 기기의 확산으로 10대까지 그 연령층이 낮아지고 있다. 컴퓨터를 비롯한 디지털 기기의 사용량이 많은 직장인은 더더욱 고위험군이라고 할 수 있다.

안구건조증을 만드는 다양한 원인

안구건조증을 유발하는 직접적인 원인은 눈을 많이 쓰는 데 따른 피로다. 눈을 지나치게 사용하면 안구가 팽창하면서 통증이 느껴지고 건조하면서 뻑뻑한 느낌이 든다. 이런 증상은 오랜 시간 서류작업과 컴퓨터·스마트폰·태블릿PC를 사용했을 때, 콘택트렌즈를 날마다 꼈을 때 주로 나타난다. 하나의 사물을 오랫동안 몰두해서 보게 되면 눈 깜박임이 줄어들어 눈에 피로가 쌓이는데다 컴퓨터 모니터나 스마트 기기에서 발산되는 전자파와 눈부심 등이 안구건조증을 유발하는 것이다.

안구건조증은 온도와 습도가 급격히 떨어지는 가을과 겨울에 심해진다. 건조한 계절에는 인체 내의 수분도 줄어들어 눈이 더욱 건조해지기 때문이다. 특히 건조한 사무실에서 서류나 컴퓨터 모니터를 오래 보고 있으면 안구건조증이 생기거나 심해질 가능성이 높아진다.

콘택트렌즈를 착용하는 직장인이 요즘 많다. 그런데 콘택트렌즈를 사용하면 각막에 산소공급이 원활하게 이루어지지 않아 안구건조증이 생길 수 있으니 주의한다. 특히 컴퓨터 등 디지털 기기의 사용시간이 많은 직장인은 되도록 안경을 착용한다.

그 외에 메이크업도 여성 직장인들의 눈 건강을 위협하는 요인이 될 수 있다. 눈 화장을 할 때 쓰는 아이라이너나 마스카라, 아이새도 성분이 점막의 수분에 녹아 눈물막으로 흡수되면 결막염이나 안구건조증, 각막염 등을 유발시킬 우려가 있다. 페이스 파우더 가루도 눈 속으로 유입되면 가마과 결막에 미세한 상처가 생기면서 눈물분비에 장애가 생기고 결막염이나 각막염까지 유발할 수 있으므로 과도한 화장은 금하는 것이 좋다.

눈물샘에 이상이 생겼거나 안구가 약해져 있는 경우, 다른 안구질환을 앓고 있는 경우, 눈물샘이나 결막의 염증, 눈꺼풀 이상, 잘못된 안약 사용도 안구건조증의 원인이 된다. 호르몬 감소와 노화,

폐경, 당뇨병, 류머티즘, 우울증 등의 질환도 안구건조증을 동반하는 경우가 많다.

한의학에서는 피로가 쌓이거나 스트레스를 많이 받으면 기혈의 순환이 나빠지고 안구 소통이 안 되면서 발생한 열이 눈 쪽으로 몰리게 되어 눈물의 양이 적어지고 건조해지는 것으로 본다. 이는 피로와 스트레스에 일상적으로 노출되어 있는 직장인들이라면 안구건조증을 앓을 가능성이 높다는 말로 해석할 수 있다.

과도한 음주를 부르는 잦은 회식, 맵고 뜨거운 음식을 즐겨먹는 습관 등도 안구를 건조하게 만드는 원인이 된다. 술집과 같은 밀폐된 공간에서 술을 마시면서 담배를 피우면 눈이 충혈되거나 가렵고 따갑거나 시린 증상이 나타날 수 있다. 이런 일이 반복되다 보면 조금만 피로가 쌓이거나 자극을 받아도 결막이 쉽게 붓고 눈물이 나오지 않으며 나와도 금방 말라버리는 안구건조증이 올 수 있다.

자극적인 음식은 눈물샘을 자극해 눈물을 지나치게 많이 배출하게 만들어 오히려 눈을 건조하게 만든다. 흔히 안구건조증은 눈물의 양이 너무 적을 때 나타나는 것으로 인식되고 있지만 반대로 눈물의 양이 너무 많아도 생길 수 있다는 것을 기억해야 한다.

습도유지와 휴식이 최고의 예방법
눈이 건조해지는 직접적인 원인은 수분 부족이기 때문에 안구건조증을 예방하고 치료하기 위해서는 수분을 충분히 공급해주는 것이 중요하다. 가습기를 틀어 실내 습도를 40~70퍼센트 정도로 유지하고 물을 많이 섭취하는 것도 도움이 될 수 있다. 냉난방기기를 많이 사용하면 실내 공기가 건조해지면서 외부와의 온도 차이가 커져 안구건조증이 심해지므로 주의해야 한다.

수분 공급 못지않게 휴식이 중요하다. 건조한 사무실에서 일을 할 경우 일하는 틈틈이 눈을 쉬어줘야 한다. 컴퓨터나 서류 등을 장시간 응시하고 있으면 눈을 깜박거리는 횟수가 줄어 눈이 건조해질 수 있다. 따라서 의식적으로 눈을 자주 깜빡거리거나 눈동자 굴리기, 눈 꼭 감기 등의 운동을 해주고 양손을 마주대고 비벼서 온기가 만들어지면 손바닥으로 안구 주변을 눌러 마사지를 해주는 것도 도움이 된다.

눈이 건조한 사람은 스마트폰이나 태블릿PC 같은 디지털 기기의 사용도 자제하는 것이 좋다. 출퇴근길 전철이나 버스처럼 진동이 있는 대중교통을 이용할 때 디지털 기기를 눈 가까이 대고 사용하는 것은 피해야 한다.

책을 읽을 때도 50분마다 5~10분씩은 쉬어야 눈의 피로를 덜 수 있다. 눈을 지그시 감고 있거나 먼 곳을 바라보는 것이 눈의 피로를 해소하는 간단한 방법이다. 컴퓨터 모니터의 높이를 눈높이보다 낮추는 것도 안구의 노출 면적을 줄여 안구건조증을 예방하는 데 도움이 된다.

하루 종일 눈을 혹사했다면 잠자리에 들기 전에 하는 찜질이 눈의 피로를 푸는 또다른 방법이다. 찜질을 할 때는 따뜻한 물수건을 준비한 뒤 자리에 누워 눈을 감고 물수건을 눈 위에 올린다. 5분 정도 지나면 눈 주변의 혈액순환이 좋아지고 눈이 시원해지면서 눈의 피로가 풀리는 것을 느낄 수 있다. 평소 검은콩, 늙은 호박, 현미 등을 자주 섭취하고 오메가-3 같은 영양보조제를 복용하는 것도 안구건조증을 예방하고 눈을 건강하게 지키는 방법이다.

인공눈물 사용에도 방법이 있다

안구건조증은 현미경 검사와 눈물막 파괴시간 측정, 눈물 분비량 검사 등으로 진단한다. 눈이 충혈되고 시리거나 뻑뻑함을 느끼는 경우, 눈 뒤쪽이 당기듯이 아프거나 눈이 뻑뻑하면서 머리가 아프다면 되도록 빨리 안과를 방문해 정확한 검사를 받아야 한다.

안구건조증의 치료법 중 가장 많이 쓰이는 것은 인공눈물을 눈에 떨어뜨려 부족한 눈물을 공급해주는 약물치료다. 인공눈물은 눈에 수분을 공급해 안구의 윤활작용을 돕는 기능을 하며 안구 표면의 손상을 예방하고 초기 상처 회복을 촉진해준다. 그러나 전문의의 처방 없이 임의로 약국에서 인공눈물을 사다 사용하면 오히려 인체 본연의 눈물 생성 기능을 떨어뜨려 질환을 만성화·장기화시킬 수 있으므로 주의가 필요하다. 특히 방부제가 들어 있는 인공눈물을 지속적으로 사용하면 각막세포의 성장을 억제하거나 각막염의 원인이 될 수도 있어 위험하다.

인공눈물 사용 횟수는 하루 4~6회 미만이 적당하며 아침에 눈을 뜨기 어려울 정도로 증상이 심하다면 잠자리에 들기 전에 연고 형태의 인공눈물을 사용하는 것이 좋다. 인공눈물은 방부제가 들어 있지 않은 제품, 그리고 1회용씩 별도 포장되어 있는 제품을 사용해 세균 번식과 감염을 예방하도록 한다. 눈이 건조할 때는 콘택트렌즈 사용을 삼가는 것이 좋고, 인공눈물은 콘택트렌즈를 빼고 나서 30분 이상 시간이 경과한 뒤 눈동자에 닿지 않게 흰자 위에 떨어뜨리면 된다.

눈물의 배출로를 차단하거나 눈물관 내로 실리콘 마개를 삽입해 누점을 막아 안구의 수분을 유지시켜 주는 수술요법이 사용되기도 한다. 증상이 매우 심하거나 약물치료의 효과가 없을 때 이 같은 방법을 고려해볼 수 있다.

미용용 서클렌즈 사용 시 주의할 점

- 안과 전문의의 진단을 받은 뒤에 안과나 안경원 등 적법한 유통과정을 통해 허가 제품 여부를 확인하고 구매한다.
- 렌즈를 구매할 때는 반드시 제조일자나 사용 가능 기간을 확인한다.
- 다른 사람이 사용한 렌즈는 세균, 바이러스 등의 감염 위험이 있으므로 절대 착용하지 않는다.
- 꼭 필요할 때만 잠깐씩 착용하고 렌즈를 착용한 채 잠들지 않는다.

눈 건강 지켜주는
6가지 습관

눈이 벌겋게 충혈이 돼 자꾸만 눈물이 흐르는 일은 생각만 해도 괴롭다. 특히 하루 종일 컴퓨터 모니터를 뚫어져라 쳐다봐야 하는 직장인들에게는 눈의 피로 문제가 심각하다. 오염된 실내공기와 각종 전자파까지, 눈은 일터에서 가장 혹사당하는 신체부위라고 해도 과언이 아니다. 직장 내 업무환경에서 눈 건강을 지키기 위한 방법을 알아보자.

겨울철 적정 실내 온도는 18~20도

덥다 못해 답답하게까지 느껴지는 난방은 눈물층을 불안정하게 만들고 실내 습도를 떨어뜨려 눈 건강에 악영향을 미친다. 겨울철 적정 실내온도는 18~20도이다. 냉난방기 과용은 눈은 물론 호흡기 건강까지 해칠 수 있으므로 주의한다.

가습기 관리를 잊지 말자

사무실 환경 중 건조한 공기는 눈에 가장 치명적이다. 평소 환기를 자주 하고 가습기를 사용하면 좋다.

요즘은 습도조절을 위해 가습기를 사용하는 사무실이 많아졌다. 그런데 가습기의 위생관리에는 의외로 소홀하다. 가습기는 곰팡이나 세균 번식의 온상이 될 가능성이 높아 위생관리가 무엇보다 중요하다.

수돗물을 그대로 사용하지 말고 끓여서 식힌 물이나 정수된 물을 사용하는 것이 좋고 가습기 몸체는 행주에 미지근한 물을 적셔서 매일 닦아야 한다.

급수통은 청소용 솔이나 스펀지로 닦는데 세제를 사용하면 찌꺼기가 남아 호흡기 건강을 해칠 수 있으니 젖은 스펀지로 물때를 닦아내는 정도로 마무리한다.

오랫동안 사용하지 않을 때는 내부를 청소한 뒤 완전히 건조시켜 보관한다. 초음파식 가습기는 기관지염이나 천식을 악화시킬 수 있으니 가열식 가습기를 사용하도록 한다.

책상 위 '5010룰'을 지키자

눈은 잠자리에서 일어나는 순간부터 혹사당하는 부위다. 잠시도 쉴 틈 없이 돌아가는 직장 근무 동안 피로가 쌓여 시간이 갈수록 뻑뻑해지는데 퇴근 무렵이 되면 자꾸만 눈이 침침해지는 증상으로 고통을 호소하는 경우도 있다. 그래서 눈의 피로를 심하게 느끼지 않을 때도 과로하지 않도록 주의한다.

컴퓨터로 일할 때는 50분간 컴퓨터를 사용하고 10분간 휴식하는 것을 원칙으로 정해두고 실천하도록 한다. 이것이 바로 '5010룰'이다. 이 룰은 눈을 비롯한 모든 신체부위에 적용되는 것으로, 1시간 중 10분씩은 자리에서 일어나 몸을 움직이고 눈에 휴식을 주도록 한다.

사무실 적정 조도는 400룩스

사무실 조명의 조도는 업무 성취도나 능률에 큰 영향을 미친다. 하지만 우리나라 사무실은 비교적 어두운 편이다. 일반적으로 문서 작업이 많은 사무실은 400룩스 정도의 조도가 적당하다. 만약 정밀한 작업이 많은 곳이라면 조도를 더 높이는 것이 눈 건강에 이롭다. 자신의 자리가 어둡게 느껴진다면 필요한 곳만을 강하게 조명할 수 있도록 스탠드를 책상에 놓는다.

채소와 물을 자주 섭취한다

건강한 눈을 갖기 위해서는 평소 물을 하루 8잔 이상 마시고 신선한 채소를 많이 섭취하는 것이 좋다. 항산화제인 루테인과 제아크산틴 성분은 노화를 방지하고, 황반변성(눈의 안쪽 망막의 중심부에 있는 황반에 변성이 일어나 시력장애를 일으키는 질환)을 예방하는 효과가 있다. 루테인과 제아크산틴이 많이 포함된 채소로는 시금치, 케일, 순무 잎, 브로콜리, 호박, 옥수수, 겨자잎 등이 있다. 비타민 A가 풍부한 당근을 자주 식탁에 올려도 좋다.

눈 마사지와 눈 운동을 한다

눈동자를 굴려주는 안구운동과 마사지는 눈꺼풀의 떨림을 방지하고 혹사당하는 눈을 건강하게 지켜준다. 눈동자를 굴리는 운동은 위에서부터 천천히 눈동자를 시계방향으로 10회, 반대방향으로 10회씩 돌려 운동한다. 이렇게 눈동자를 굴려주는 동작만으로도 눈의 피로를 푸는 데 큰 효과가 있다.

마사지를 할 때는 손을 깨끗이 씻은 뒤 손바닥을 서로 비벼 따뜻하게 만든 다음 눈 위에 올려놓고 5초 정도 살짝 눌러준다. 이 동작을 3회 정도 반복한다.

엄지손가락 관절을 사용해 관자놀이를 부드럽게 마사지하는 것도 도움이 된다. 양쪽 엄지를 가볍게 구부려 관절 부위를 관자놀이에 갖다 대고 자극을 준다. 관자놀이를 시계방향으로 20회, 반대로 20회씩 돌린 다음 눈썹 가운데에서 이마 쪽, 눈 아래에서 코 옆쪽까지 마사지한다.

업무효율 높이려면
비염부터 잡아라

  하루 종일 재채기와 콧물을 달고 사는 민혁 씨. "감기 걸렸어요?"라는 질문을 종종 받지만 사실 알레르기성 비염이다. 봄이 다가와 꽃가루가 날리기 시작하자 알레르기 증상이 극에 달했다. 사람 만날 일이 많은 영업부에서 일하는 민혁 씨 입장에서는 콧물과 재채기가 여간 불편한 것이 아니다. 그러면서도 '큰 병은 아니니까' 하고 소홀하게 여기고 시간을 보내다 보니 이제는 아예 '콧물남' 캐릭터가 되고 말았다. 고객 앞에서 콧물을 훌쩍이고 연신 재채기를 해대는 자신이 스스로도 지저분하게 느껴진다며 뒤늦게야 병원 치료를 시작했다.

해마다 환경오염이 심각해지면서 알레르기성 비염 환자도 큰 폭으로 증가하고 있다. 최근 5년 사이에 비염 환자가 50퍼센트 가까이 늘어나 전체 질환 중 가장 빠른 증가율을 보이고 있다. 자동차 배기가스와 이산화탄소의 증가, 새집증후군 등이 환경성 질환인 비염의 발병을 가속화하고 있는 것으로 거론되고 있다. 물론 환경이나 알레르기 외에도 비강의 구조 이상, 호르몬 이상, 약물, 정서 불안 등이 비염의 발생 원인이 된다. 인스턴트식품과 불규칙적인 식사도 영양 불균형을 초래해 비염 발생을 부추긴다.

비염은 증세가 감기와 비슷해서 치료시기를 놓치는 경우가 많다. 하지만 증상이 경미하다고 방치해두면 점점 악화되고 만성이 되어 치료가 더 어려워진다. 특히 직장인들은 만성피로와 스트레스, 음주와 흡연, 쉴 틈이 없는 근무여건 때문에 비염 치료에 어려움을 겪는다. 하지만 비염으로 인해 하루 종일 훌쩍거리거나 재채기를 해대는 것은 자기 자신의 불편은 물론이고 옆자리의 동료에게도 불쾌감을 줄 수 있으므로 되도록 빨리 치료받는 것이 좋다.

알레르기성 비염은 계속 흐르는 맑은 콧물, 발작적인 재채기, 코 가려움증, 코 막힘 등의 증상으로 나타난다. 눈과 복의 가려움증, 마른 기침, 두통, 코피 등을 동반하는 경우도 많다. 또한 부모에게서 물려받은 체질의 영향, 감기, 스트레스 등이 복합적으로 작용해서 나타나는데 알레르기성 비염을 장기간 방치하면 구강호흡이 습관화되어 콧등에 주름이 생기거나 얼굴이 길어지는 아데노이드 adenoids형 얼굴로 변할 수 있기 때문에 가급적 빨리 치료를 받는다.

비염 외에 코 건강을 위협하는 질환으로는 부비동염이나 비후성 비염 등이 흔하다. 부비동염은 코 주위의 얼굴 뼈 속에 있는 빈 공간인 부비동에 염증이 생긴 것으로, 바이러스 감염이나 알레르기 비염으로 인해 세균 감염이 발생하여 생기는 경우가 많다. 비염의 염증상태가 만성화되어 장기간 진행되면 비후성 비염이 발생할 수 있다. 비후성 비염의 증상으로는 콧물, 재채기, 코 막힘, 가려움증, 후각 장애 등을 들 수 있다.

비염의 근본원인은 면역력 저하

비염은 면역 반응이 예민해져서 생기는 알레르기 질환으로, 특정 물질이나 외부 자극에 대해 면역체계가 과민하게 반응하면서 발생하는 경우가 대부분이다. 코로 오염물질이 들어오면 거기에 맞서 면역세포들이 반응을 하는데, 이때 코 안에 염증이 생기는 것이다. 매연이나 집먼지 진드기, 곰팡이, 꽃가루, 낙엽가루, 동물의 털 등이 대표적인 알레르기 원인물질로 지목되고 있다. 봄이나 가을 같은 환절기에 기온의 변화가 급격하고 일교차가 커지면 몸의 면역 균형이 흐트러져 비염 증상이 심해진다.

직장 내에서는 냉난방기가 비염을 일으키는 원인이 된다. 한동안 사용하지 않고 방치해두었던 에어컨이나 온풍기, 선풍기 등을 작동시키면 사무실 내의 먼지와 각종 세균이 코로 유입되어 비염을 일으키는 것이다. 특히 여름에 덥다고 에어컨을 장시간 틀어 놓거나 찬 음료 등을 많이 섭취하면 몸속이 차갑고 건조해져서 비염 증세가 악화되는 경우가 많다. 알레르기 체질이 아니더라도 찬 날씨에 과민한 사람은 실내 공기가 차가워지면 콧물이나 재채기 등으로 고생하기도 한다.

여름에 냉방을 강하게 하는 공간에 오래 머물러야 할 때는 얇은 카디건이나 셔츠 등을 준비해서 온도 차이가 날 때 입었다 벗었다 하며 체온을 유지하는 것이 비염 증세를 완화하는 데 도움이 된다.

실내 공기가 건조하면 코 점막이 마르기 때문에 실내 습도 유지에 주의를 기울인다. 코 점막은 촉촉해야 냄새도 잘 맡고 먼지 같은 이물질을 걸러내는 기능도 왕성해진다. 코 점막이 건조하면 그 기능이 떨어질 뿐 아니라 코 막힘 증상이 올 수 있으며 코가 헐거나 점막이 부어 코피가 나기 쉽다. 실내습도는 40~50퍼센트 이상, 외부와의 온도 차는 5도를 넘지 않도록 한다.

책상과 책장, 사무기기 구석구석에 쌓여 있는 먼지도 문제다. 한 연구에서는 책상 위의 먼지와 세균이 화장실보다 많다고 발표해 충격을 안겨주기도 했다.

그 외에 비염 발생에 영향을 미치는 요인으로는 직장 내 스트레스, 엎드려서 자는 수면 습관, 컴퓨터 장시간 사용, 손으로 턱을 괴는 습관, 화학조미료와 방부제가 첨가된 인스턴트식품 및 튀김류의 과다섭취, 음식을 한쪽으로만 씹는 습관 등을 들 수 있다. 이런 생활습관은 척추에 무리를 주고 턱관절 불균형을 초래할 수 있다. 골격의 불균형은 장기적으로 호르몬 분비의 불균형으로 이어지고, 이는 다시 비염을 비롯한 알레르기로 이어질 수 있다. 바른 자세는 관절 건강뿐만 아니라 전신건강, 나아가 삶의 질까지 좌우하는 중요한 문제라고 할 수 있다.

원인에 따라 달라지는 비염의 치료

비염의 치료는 원인에 따라 달라진다. 알레르기 비염의 경우에는 알레르기의 원인이 되는 물질을 피하는 것이 우선되어야 한다. 그리고 항히스타민제, 국소 스테로이드제, 항류코트린제, 항콜린 스프레이 등 알레르기를 진정시켜 주는 약물을 사용하고 동시에 면역을 강화하기 위한 식이요법을 병행하거나 영양보조제 등을 섭취하면 좋다. 면역력 강화에 도움이 되는 식품으로는 김치, 마늘, 된장, 버섯, 바나나, 인삼 등이 있다.

알레르기 비염으로 인해 부비동염, 편도염 등이 생기면 이들 질환의 치료가 선행되어야 하는 경우도 있다. 만성 비후성 비염은 국소 분무형 스테로이드제, 혈관운동성 비염에는 주로 국소 스테로이드제나 항콜린제 스프레이를 사용한다. 약물이나 영양소 등으로도 효과를 볼 수 없을 만큼 알레르기 증상이 심하거나 비강 및 비부동 내의 종양, 비중격 이상 등 기질적인 문제로 인해 발병한 경우에는 수술을 고려해볼 수 있다.

　최근에는 비염을 전문적으로 진료하는 한의원도 많이 생겨났다. 한의원에서는 오장육부의 기능검사와 진맥을 통해 비염의 근본 원인을 밝혀내고 그에 따라 단계적으로 치료하는데 같은 증상이라도 개인의 체질이나 건강상태, 생활습관, 환경 등에 따라 처방이 달라진다. 한방에서는 비염이라고 코만 치료하지 않고 부족한 장부의 기능을 보강하고 알레르기를 유발하는 여러 가지 환경요인에 대항할 수 있는 면역력을 강화하는 데 집중한다. 전신적인 건강 회복 및 면역력 강화에 역점을 둔 치료는 양방의 면역요법과 같은 맥락이다. 직장인 비염 환자는 음주와 스트레스로 인해 약해진 위와 장의 기운을 보호하면서 예민해진 코 점막을 강화하는 치료를 꾸준히 하는 것이 도움이 된다.

생활 속 코 건강지키기

코 건강을 위해서는 평소 바른 자세를 유지하는 것이 중요하다. 축농증이나 비염 같은 코 질환이 있는 사람은 머리를 앞으로 숙이는 자세는 되도록 피한다. 고개를 앞으로 숙이거나 엎드려서 자는 습관이 있는 사람은 혈액의 흐름이 얼굴 앞쪽으로 치우쳐 콧속 점막이 부어 코막힘 증상이 생길 수 있다.

코를 세게 풀거나 손으로 후비는 등 코를 직접적으로 자극하는 습관도 고친다. 손으로 코를 후비거나 세게 풀면 콧속의 미세혈관들이 자극을 받고 건조해져서 상처가 생기는데 이는 코피의 원인이 된다.

콧속은 항상 촉촉하게 젖어 있어야 건강하기 때문에 너무 강하게 자극하지 않는다. 자기도 모르게 손으로 코를 만질 수 있으므로 항상 손을 깨끗하게 씻는다.

코피는 정말 피로의 증거일까?

은행원인 병수 씨는 걸핏하면 코피를 흘려 고민이다. 코를 풀다 코피가 나는 일도, 아침에 세수를 하면 세면대에 코피가 쏟아지는 일도 많았다. 처음에는 야근이 많다보니 피로가 쌓여서 그러려니 하고 넘겼다. 그런데 코피를 너무 자주 흘리다 보니 뭔가 병이 있는 게 아닌가 싶을 생각이 들기 시작했다. 게다가 결혼한 지 얼마 안 되어 다른 사람들 앞에서 코피를 흘리면 "신혼재미가 좋은가 봐!" 하는 놀림을 받아 난처할 때가 많았다. 병수 씨의 코피, 정말 피로누적 때문일까?

흔히 코피는 과로의 상징으로 여겨진다. 병수 씨의 경우처럼 야근이 잦거나 업무 스트레스가 많은 사람에게서 자주 나타나기 때문이다. 하지만 이는 피로나 업무 스트레스 자체의 문제보다는 건조한 업무환경이 코 건강을 해치기 때문에 오는 경우가 많다.

코피 대부분은 콧속의 미세혈관에 상처가 생겼거나 상처가 아물면서 생긴 딱지를 잘못 건드려서 나온다. 하지만 종종 다른 질병을 알리는 신호일 수 있어 주의 깊게 관찰해야 한다. 코피는 90퍼센트 이상의 경우 지혈이 쉬워 크게 염려하지 않아도 되지만 나머지 10퍼센트의 경우 백혈병이나 고혈압, 간질환 등에 기인한다. 이 같은 질병이 있을 때 코피가 나면 과다출혈로 인한 쇼크가 오기 전에 반드시 병원을 찾도록 한다. 특히 고혈압 환자들은 사소한 코피라도 지혈이 잘 안 되기 때문에 잘못하면 과다 출혈이나 저혈성 쇼크로 이어질 수 있다.

비염이나 코뼈가 휜 비중격만곡증이 원인이면 코끝에 가까운 앞쪽에서 코피가 자주 나고, 혈압이 높거나 혈액응고 장애가 원인이면 코 안쪽 깊은 곳에서 피가 난다. 평소 유난히 코피가 자주 나고, 한번 코피가 터졌을 때 쉽게 멎지 않는다면 병원에 가서 검사를 받아 원인에 따라 치료하는 것이 좋다.

건조한 계절에 코피를 예방하려면

콧속이 건조해지면 코피가 잘 나기 때문에 항상 콧속 점막을 촉촉하게 유지해주는 것이 중요하다. 특히 건조한 계절에 냉난방기 사용으로 사무실이 건조해지면 실내습도 관리에 유의해야 한다. 물을 자주 마셔서 호흡기 습도를 적절히 유지해주는 것도 코 건강을 지키는 방법 중 하나다.

직장인들은 책상에 장시간 앉아 서류를 들여다봐야 할 때가 많은데 이처럼 고개를 숙인 채 일하다 보면 콧속 혈관에 닿는 압력이 커져 코피가 날 확률이 높아진다. 업무가 과중할 때는 자주 자리에서 일어나 맨손체조를 하거나 틈틈이 목운동을 하여 코 쪽으로 피가 몰리지 않게 한다.

코를 직접 자극하는 것도 피해야 한다. 코가 간지럽다고 손가락으로 코를 후벼 점막을 자극하면 오히려 상처가 생긴다. 코를 만지

는 것도 습관이다. 항상 손을 깨끗하게 씻고, 되도록 코를 만지지 않는다.

혼자서 코피 지혈하는 법

코피가 나면 고개를 앞으로 숙인다. 고개를 숙이면 콧속에 고인 피가 응고되어 지혈 효과를 볼 수 있다. 또 코의 앞 중심 쪽 벽 부위 연골인 키젤바흐Kiesselbach를 막는다. 키젤바흐는 출혈이 자주 발생하는 부위로, 탈지면 등으로 이 부위를 압박하면서 코를 막으면 코피가 빨리 멎는다. 얼음주머니로 콧등을 마사지하면 콧속 혈관이 수축돼 더 빨리 지혈된다.

코피가 난다고 콧속에 탈지면이나 화장지를 자주 넣다 빼는 행동은 금물이다. 이런 행동은 코 점막을 손상시켜 상처를 덧나게 해 오히려 출혈을 가중시킨다. 코피가 멈춘 뒤에는 코를 푸는 등 자극 주는 행동을 하지 않는다.

코골이 방치하면 목숨까지 위험

점심식사를 한 뒤 사무실에 돌아와 잠깐 조는 동안에도 코를 고는 사람이 있다. 이 같은 증상은 중년 남성 직장인에게서 흔히 볼 수 있는데 '많이 피곤한가보다', '간밤에 잠을 못 잤나보다' 하는 식으로 가볍게 넘길 일이 아니다. 잠깐의 낮잠에도 코를 곤다면 밤에 장시간 잠잘 때는 당연히 심하게 코를 골 것으로 짐작할 수 있다.

실제로 심한 코골이 때문에 배우자의 숙면을 방해해 각방을 쓰는 부부도 있다. 그런데 이 코골이를 단순히 '민폐'로 여기다가는 큰 코 다치는 수가 있다. 잠을 자다가 갑자기 숨이 막히는 '수면무호흡' 등의 증상으로 자칫 목숨까지 위험할 수 있기 때문이다.

코골이는 주로 비만을 원인으로 알고 있으나 비염 때문에 코골이가 생기는 경우도 많다. 비염은 앞에서도 언급했지만 코막힘과 코골이, 여기에 시도 때도 없이 발생하는 재채기와 안구충혈을 비롯해 우울증, 성기능장애, 집중력 저하 등 갖가지 문제의 원인이 된다. 나아가 고혈압, 심혈관계질환, 뇌졸중, 당뇨병, 부정맥 등의 치명적인 합병증을 발병시킬 가능성도 높다.

이 중 코골이는 만성피로, 두통, 업무능력 저하, 불면증 등 사회생활 전반에 문제를 일으킨다. 코골이에 대한 가장 좋은 치료법은 정확한 원인을 파악하여 초기에 잡는 것이다.

기도를 좁혀 코를 골게 하는 원인

코골이는 입천장 뒤쪽의 연구개 부위 및 목젖과 인후 등의 근육이 붓거나 염증이 생겨 숨길, 즉 기도가 좁아졌을 때 발생한다. 또 술을 마시거나 몸이 피곤할 때는 근육들이 느슨해지면서 기도가 좁아지게 되는데, 이때는 평소 코를 안 골던 사람도 코를 골 수 있다.

코골이는 흡연과도 밀접한 관련이 있다. 담배 성분이 입천장의 연구개 부위나 인후 쪽에 염증을 발생시키면서 붓게 하고, 결국 숨길이 좁아지게 되는 것이다. 턱이 작거나 뒤로 밀려 있을 때, 비만인 경우에도 숨길이 좁아져서 코를 골게 된다.

코골이가 다른 질병까지 악화시킨다

가장 주목해야 할 점은 코골이가 수면무호흡증을 발생시킨다는 것이다. 수면무호흡증은 잠을 자면서 10초 이상 무호흡이 1시간에 5회 이상 또는 7시간 동안 30회 이상 숨을 안 쉬는 경우를 말한다. 만약 수면 중에 10초 이상 숨소리가 약해졌다가 '푸우!' 하면서 숨을 내쉰다면 수면무호흡증을 의심해봐야 한다.

수면무호흡증을 단순히 수면습관으로 치부하고 조기에 치료하지 않으면 고혈압이나 당뇨병을 악화시키고 심장동맥질환이나 뇌졸중이 발병할 가능성이 2배로 높아진다. 평소 고혈압이나 당뇨, 심장질환 등의 질환이 있는 사람이 코를 곤다면 수면다원검사로 수면무호흡증이 있는지 확인하고 그에 따른 치료를 해야 한다.

수면다원검사는 대개 하룻밤 정도 수면을 취하면서 진행된다. 여기에는 수면 중 질환들을 진단하기 위해 다각적인 검사 장비들이 동원되는데, 뇌기능 상태를 알기 위한 뇌파 검사(EEG), 눈 움직임을 보기 위한 안전도 검사(EOG), 근육 상태를 알기 위한 근전도 검사(EMG), 심장 리듬을 보기 위한 심전도(ECG), 전체적인 상태를 보기 위한 비디오 촬영 등이 이뤄진다.

이밖에 코골이는 고혈압이나 당뇨, 협심증, 심근경색증 등 심혈관계 질환 발생 가능성을 3~5배가량 높이는 것으로 알려져 있다. 여기에 더해 심한 코골이는 약 70데시벨의 소음을 발생시킨다. 이 정도면 바로 옆으로 트럭이 지나갈 때 내는 소리와 맞먹는 소음이다. 밤새 이런 소음을 발생시킨다면 같이 자는 사람의 숙면을 방해하기에 충분하다.

코골이 해소의 첫걸음은 체중감량

코골이에서 벗어나기 위한 첫 번째 방법은 체중감량이다. 과체중이나 비만인 사람은 자기 체중의 10퍼센트를 감량하는 것만으로도 코골이로 인한 수면무호흡 횟수가 절반으로 줄어든다. 금연과 금주도 코골이 증상을 완화시켜주며 알레르기 비염을 적극적으로 치료하는 것 역시 코골이를 줄이는 방법이다.

옆으로 누워서 잠을 자는 방법도 권할 만하다. 옆으로 자면 공기가 드나드는 기도가 넓어지면서 코골이가 줄어든다. 또한 베개를 평소보다 낮게 베거나 실내 습도를 50~60퍼센트 정도로 유지해주면 기도의 염증을 줄여 코골이 예방에 도움이 된다.

시중에는 코골이를 없애준다는 다양한 기구나 약이 나와 있다. 하지만 코에 기구를 끼우거나 약을 뿌리는 따위의 임시방편은 근본적인 치료에 도움이 되지 않는다.

수면무호흡증의 경우 수술을 하기도 하는데 비중격 만곡 및 하비갑개 비후에 대한 교정을 목적으로 하는 비강수술, 편도 및 구인두의 점막을 절제하는 구개인두 성형술, 고주파 온열 구개술, 설부 축소수술, 두경부 골격수술(이설근전진술과 설골근절개술, 양측 상악전진술) 등이 시행된다.

심한 수면무호흡증이라면 코에 씌우는 마스크에 공기를 불어넣는 양압기 치료가 효과적이다. 요즘은 마스크 대신 코에만 공기를 살짝 집어넣는 치료기도 나와 있으므로 본인의 증상과 특성에 맞는 치료법을 선택하도록 한다.

치아 건강은
올바른 칫솔질에서 시작된다

47세의 공무원인 성훈 씨는 시원한 물만 마셔도 이가 시큰거리는 증상 때문에 치과 진료를 받았다. 성훈 씨의 시린 이 문제는 잘못된 칫솔질 때문에 생긴 것으로, 거의 모든 치아의 겉면에 가로로 홈이 파여 있다. 치아의 상아질은 물론, 치아뿌리 부분까지 노출되어 있어 작은 자극에도 이가 시큰거린다. 성훈 씨는 치아의 손상된 부분을 일일이 메우는 치료를 받았는데, 비용이 만만치 않았다. 나름대로 칫솔질 열심히 하며 치아관리를 잘 해왔다고 생각했는데, 잘못된 칫솔질 때문에 치아에 문제가 생겼다니 억울하기만 했다.

오복 가운데 하나인 건강한 치아는 우리 몸에 꼭 필요한 영양소를 잘 섭취하게 해주는 1차 관문이다. 치아는 음식물을 씹고 부수며 잘 삼킬 수 있도록 돕고 먹는 즐거움까지 선사한다. 이 때문에 전신의 건강을 유지하기 위해서는 치아의 건강부터 돌봐야 한다.

그런데 치아 관리를 제대로 하지 않아 충치나 잇몸질환, 풍치 등으로 고통받는 사람이 많다. 건강, 특히 치아 건강은 잃고 나서 후회하면 이미 늦다. 치아와 잇몸은 다른 세포조직과 달리 일단 손상이 되면 재생이 안 되는 조직으로, 치료비용도 만만치 않다. 값비싼 임플란트나 틀니를 해도 타고난 치아처럼 편하고 기능적일 수는 없다. 따라서 평소 치아관리에 정성을 기울여야 나이 들어서 후회하지 않는다.

치아관리는 문제가 된 뒤에는 되돌리기 어렵지만 문제가 생기기 전에는 칫솔질만으로도 가능하다. 잘못된 칫솔질이 치아와 관련한 질병 대부분을 몰고 온다는 것을 기억하고, 제대로 된 칫솔질을 익혀서 실천하도록 한다.

이미 손상된 뒤에는 칫솔질할수록 증상이 심해진다

잇몸과 치아 모두 아무 문제가 없는데도 시도 때도 없이 이가 시린 경우가 있다. 이가 시리면 아이스크림이나 냉면처럼 찬 음식은 물론 시원한 물도 마음대로 마실 수 없다. 공기를 마시기만 해도 이가 시리다면 '치경부마모증'을 의심할 수 있다.

치경부는 치아 머리와 뿌리 부분을 연결하는, 잇몸 바로 위에 드러난 잘록한 부분이다. 이 부분이 마모되어 이가 시린 것이 바로 치경부마모증이다. 이 증상을 방치하면 치아 아랫부분이 깨져 나갈 수 있고, 심하면 치신경까지 노출되어 큰 고통을 받는다. 평소 관리에 주의를 기울여야 하고, 문제가 발생했다면 바로 치료를 받아야 한다. 불소도포로 치아표면을 튼튼하게 하거나 치경부 표면을 메워서 증상을 완화할 수 있다.

치경부마모증을 일으키는 가장 큰 원인은 잘못된 칫솔질이다. 평소 칫솔을 위아래가 아니라 좌우로 움직여 닦으면 이 같은 문제가 발생한다. 앞의 사례에 나온 성훈 씨도 바로 이 경우에 해당된다. 치아가 이렇게 손상이 되면 칫솔질을 하면 할수록 치아의 시린 증상이 더 심해진다. 반드시 초기에 치과를 방문해 치료를 받도록 한다.

올바른 칫솔질과 잘못된 칫솔질

칫솔질을 제대로 하려면 어금니 바깥쪽은 위에서 아래로 칫솔을 회전시키면서 잇몸에서 치아 방향으로 닦는다. 그다음 어금니 안쪽은 잇몸에서 치아 방향으로, 위에서 아래로 칫솔을 회전시키면서 닦는다.

앞니 바깥쪽은 위에서 아래쪽 방향으로 치아를 쓸어내리듯이 닦는다. 앞니 안쪽은 잇몸에서 치아 방향으로 바깥쪽으로 쓸어내리며 닦는다. 특히 칫솔이 제대로 닿지 않는 부위이므로 신경 써서 꼼꼼히 닦는다.

어금니의 씹는 면은 흔히 가장 먼저 닦기 쉽지만 치아 사이의 이물질을 제거한 뒤 제일 나중에 닦는 것이 바람직하다. 이때는 칫솔을 치아에 직각으로 세워 앞뒤로 돌리며 닦아낸다. 마지막으로 혀를 닦아 구취를 예방한다. 이때 뺨의 안쪽과 혀를 함께 닦는다.

칫솔로 양치질을 마친 뒤에는 치실이나 치간칫솔을 사용해서 치아와 치아 사이에 낀 음식물 찌꺼기를 제거해준다. 치실이나 치간칫솔은 칫솔로 닦아낼 수 없는 세밀한 부분의 이물질을 직접 제거하는 데 용이하기 때문에 반드시 칫솔과 병행해서 사용한다.

우리가 흔히 저지르는 잘못된 칫솔질 습관을 고치는 것도 치아 건강에 도움이 된다. 사람들 대부분이 칫솔에 치약을 짠 뒤 물을 묻혀서 사용하는데, 이는 잘못된 방법이다. 치약에 물을 묻히면 치약 속 연마제 성분이 약해져서 치태 제거 효과가 떨어진다. 조금 뻑뻑한 느낌이 들더라도 치약에 물을 묻히지 않고 양치질을 한다.

당분이 많은 탄산음료를 먹고 난 뒤에 부리나케 이를 닦는 사람도 많다. 탄산음료를 마신 뒤에는 치아 표면이 산성 성분에 의해 부식되는데 이때 양치질을 바로 하면 치약의 연마제 성분으로 인해 치아가 쉽게 부식되고 치아표면이 거칠어지게 된다. 탄산음료를 먹고 난 뒤에는 물로 입을 헹구고 약 30분이 지난 뒤에 양치질을 하는 것이 좋다.

미백 효과가 강한 치약은 치아 표면을 닳게 하므로 피하고, 부드러운 칫솔로 치아 표면을 부드럽게 닦는다.

전동칫솔 사용도 위험할 수 있다. 전동칫솔은 강력한 진동과 회전운동으로 잇몸에 상처를 입히거나 치아의 가장 바깥쪽의 보호물질인 상아질을 손상시킬 수 있다. 전동칫솔을 지나치게 자주 오래 사용하면 치아 표면을 닳게 하므로 일반 칫솔질의 '3-3-3' 공식 대신 '2-3-2' 공식(하루 2번, 식사 뒤 3분 이내, 2분간 양치)에 따른다. 보통 치아 하나당 4~5초가량 닦는 것이 적당하다.

칫솔 위생관리

칫솔은 우리의 입속을 깨끗하게 해주지만 자칫 잘못하면 세균의 온상이 될 수 있다. 젖은 채 아무렇게나 방치된 칫솔에는 많게는 수십억 마리의 세균이 살고 있다. 여러 사람의 칫솔을 한 군데 꽂아두면 칫솔모끼리 맞닿아 각종 세균이 번지게 되고, 사무실에서 칫솔을 연필통이나 서랍 같은 데 넣어 두는 것도 오염의 원인이 된다. 칫솔질을 한 뒤에 칫솔모 사이에 이물질이 남아 있으면 세균이 서식하기 좋은 환경을 만들게 되므로, 사용 뒤에는 칫솔을 충분히 헹궈 칫솔모 사이사이에 이물질이 남아 있지 않도록 관리한다.

만약 오염의 우려가 있다면 소금물에 2~3분 정도 담갔다가 햇빛과 통풍이 잘 되는 곳에서 말려 따로 보관한다. 가정이나 사무실에서 가급적 칫솔살균기를 활용하는 것이 바람직하고, 외출할 때도 휴대용 칫솔살균기에 칫솔을 넣어 갖고 다니면 오염을 예방할 수 있다.

칫솔 사용기간이 길어지면 칫솔의 플라그 제거 기능이 저하되어 양치효과를 제대로 낼 수 없기 때문에 하루 3회 사용을 기준으로 했을 때 평균 3개월에 한 번 정도 칫솔을 교체하는 것이 좋다. 하지만 칫솔의 사용기간은 칫솔 사용습관이나 칫솔모의 강도에 따라 차이가 있으니 3개월 전이라도 칫솔모가 휘거나 벌어지면 바로 교체한다.

치아와 **구강 관리**,
남녀가 다르다

보건복지부가 시행한 '2010년 국민건강영양조사'에 따르면 남성의 잇몸병은 여성에 비해 약 10퍼센트 높은 것으로 나타나고 있다. 이와 관련해서 구강에 좋지 않은 습관, 즉 흡연과 음주가 주요한 원인으로 지목된다.

음주는 혈압을 올려 잇몸 출혈을 부추기고 염증이 발생하도록 만든다. 국민건강영양조사에 따르면 성인 남성의 2010년 흡연율은 48.3퍼센트로, 같은 기간 성인 여성이 6.3퍼센트인데 반해 7배나 웃돌았다. 최근 1년간 월 1회 이상 술을 마신 비율도 남성은 77.8퍼센트이지만 여성은 43.3퍼센트에 그치고 있다.

여성과 남성의 몸은 많은 부분에서 다르다. 타고난 유전자, 생활 습관, 성별에 따른 성향 등이 그 차이를 만드는데 치아 관리도 성별에 따라 달라진다. 남성 직장인들은 술과 담배, 스트레스에 많은 영향을 받는데 여성 직장인들은 여기에 더해 임신과 출산, 그 과정에서 겪는 호르몬 변화 등에 의해 차이가 나타난다. 따라서 치아 및 구강건강 관리 역시 성별에 따라 다르게 해야 한다.

남성, 술과 담배가 구강 건강을 망친다

직장의 회식이나 동창회 같은 사적인 모임 등 잦은 술자리를 갖는 한국의 직장인들. 이러한 잦은 알코올 섭취는 치아와 구강 건강에도 치명적이다. 놀라운 것은 알코올 그 자체보다 안주의 영향이 더 크다는 사실이다. 안주는 식사 때보다 치아에 음식물이 잔류하는 시간이 길어져서 충치나 잇몸질환의 원인이 되는 치태 발생률을 높인다.

술자리에 꼭 등장하는 담배도 문제다. 담배를 피울 때 입안은 체온이 상승하면서 침이 말라 건조해진다. 이 과정에서 인체 본연의 자정작용이 방해를 받게 되고 잇몸질환이 악화되는데 술에 취해 양치질을 하지 않고 잠들면 더 심해진다.

여성, 임신과 출산이라는 특별한 변화

여성은 남성과 달리 임신과 출산이라는 특별한 신체변화를 겪는다. 그 변화가 구강 건강에도 영향을 미치는데, 특히 임신을 하면 호르몬의 변화로 잇몸건강이 나빠지게 된다.

임신 중에 여성호르몬이 증가하면서 잇몸의 혈관 벽이 얇아지고 입속 환경이 악화되는데, 이로 인해 치태나 치석이 잇몸에 쉽게 자리 잡는다. 임신 초기에 나타나는 입덧으로 음식물 섭취가 잦아지는 반면 칫솔질에 소홀해지면 잇몸질환이 가중된다. 이는 임신 중에 잇몸질환 다음으로 충치가 많이 발생하는 이유이기도 하다.

여성호르몬은 실제로 치주조직 내에서 치주질환 원인균들이 더 잘 살 수 있는 환경을 만든다. 그래서 사춘기와 임신기, 폐경기 등에 여성이 치주질환에 쉽게 걸린다.

호르몬이라는 어쩔 수 없는 복병은 있지만 이를 물리칠 해결책은 구강 환경을 청결히 하는 것이다. 임신 중에도 초기나 말기를 제외하고는 스케일링을 비롯해 다양한 치아 관리가 가능하기 때문에 검진계획을 세워서 치과를 방문하도록 한다.

잇몸질환 방치하면 패혈증까지 올 수 있다

성인 10명 중 7명이 걸릴 만큼 잇몸병(치주질환)은 흔한 질환이다. 그럼에도 치료를 받는 사람은 그리 많지 않은데, 이는 나이가 들어 생기는 자연스런 현상으로 여기거나 시간이 지나가면 나을 것이라는 잘못된 기대 때문이다.

잇몸병은 저절로 치료되지 않고 또 다른 염증을 유발할 수 있으니 반드시 치료를 받아야 한다. 잇몸병은 구강 내 점막 부위에 생긴 염증성 질환을 가리킨다. 혀나 잇몸, 입술 안쪽 부위에 심한 통증이나 작열감(타는 듯한 느낌의 통증 내지는 화끈거림)이 있고, 음식물을 먹기 힘들거나 발음이상 등의 증상이 따르며 만성적으로 재발된다. 전문가들은 치주질환을 '일종의 성인병이며 노화로 나타나는 뇌졸중이나 당뇨병과 같은 전신질환과도 밀접한 연관성이 있다'고 보고 있다.

치주질환 가운데 대표적인 것으로는 잇몸에만 염증이 생기는 치은염과 잇몸, 잇몸뼈 주변까지 염증이 진행되는 치주염으로 나뉜다. 만성화되면 치아를 붙잡는 힘이 약해져 치아를 잃을 수 있다. 치주염은 기도나 뇌에까지 퍼지는 감염성 질환이어서 심하면 패혈증을 일으켜 환자를 사망에 이르게 할 수 있으니 반드시 초기에 치과를 방문한다.

치주질환을 일으키는 나쁜 생활습관

흡연과 음주, 스트레스는 치주질환의 3대 적이다. 특히 흡연자는 일반인에 비해 치주질환에 걸릴 확률이 13배나 더 높다. 니코틴이 치아 표면에 끼면 치표면이 거칠어지면서 세균이 서식하기 좋은 환경이 되기 때문이다. 여기에 음식물 속에 들어 있는 칼슘이나 인이 침과 섞이면서 균막을 형성해 치아 표면에 들러붙어 치석이 형성된다. 적어도 6개월에 한 번 정도는 스케일링을 받고 치석을 제거해야 치주질환을 예방할 수 있다.

잠을 제대로 자지 못하는 것도 치주질환의 원인이 된다. 실제로 흡연 다음으로 수면부족이 문제가 되는 것으로 나타났다. 하루 7~8시간의 숙면을 취한 사람은 수면시간이 6시간 이하인 사람에 비해 치주질환의 진행률이 뚜렷하게 낮다. 전문의들은 치주질환이 환자의 건강상태나 수면부족, 스트레스 등에 의해 면역력이 저하될 경우 심화될 수 있는 것으로 보고 있다.

치아와 잇몸을 건강하게 지키는 방법

올바른 칫솔질과 1년에 1~2회 정도 스케일링을 정기적으로 받는 것만으로도 치아와 잇몸을 건강하게 지킬 수 있다. 그러나 흡연자라면 1년에 3~4회 스케일링을 해주고, 공기압력으로 니코틴과 타르를 제거하는 '에어플로' 시술을 받는 것이 좋다.

충치나 치주질환이 발견되었다면 서둘러 치료해야 한다. 시간이 지나 증상이 악화되면 치료비용도 커지고 치료시기를 놓치면 치아를 잃을 수도 있기 때문이다.

무엇보다 하루 3회 이상의 올바른 칫솔질과 치실 사용, 정기검진이 치아와 잇몸을 지키는 방법이다. 꼼꼼하게 칫솔질을 한 뒤 잇몸 마사지를 해주면 치주 건강에 도움이 된다. 잇몸 마사지는 칫솔질을 한 뒤 엄지와 검지를 이용해 잇몸 안쪽과 바깥쪽 치아를 짜내듯이 꾹꾹 눌러주거나 손가락 끝에 거즈를 감아서 문지르면 된다. 또 입을 살짝 다문 채 혀를 말아 올려 위쪽과 아래쪽 잇몸을 차례로 마사지하는 방법도 있다.

잘 듣자고 사용한 이어폰이 **난청**을 부른다

최근 젊은 층을 중심으로 소음성 난청 환자가 급증하고 있다. 소음성 난청은 오랜 시간 동안 소음에 노출되어 생기는 청력 저하를 말한다. 난청은 일시적으로 생겼다가 회복되기도 하지만 청각세포가 회복이 불가능한 수준으로 손상되면 영구 난청이 될 수 있으므로 주의해야 한다.

과거에는 공상 등 시끄러운 작업 환경의 영향으로 직업성 난청이 많았지만 최근에는 소음성 난청 환자가 늘고 있다. 대한이과학회는 최근 휴대전화나 MP3 플레이어, 자동차, 진공청소기 등 일상에서까지 소음이 늘어나면서 소음성 난청 환자가 젊은 층에서도 증가하는 추세라고 발표한 바 있다. 실제로 국민건강보험공단에 따르면 2007년 한 해 소음성 난청 환자 가운데 10~30대가 45.8퍼센트로 나타나 60대 이상 노인 환자(11.2퍼센트)의 4배에 달하는 것으로 조사됐다.

지속적인 이어폰 사용은 난청의 직접적인 원인

우리가 소리를 듣는 과정은 다음과 같다. 어떤 소리가 났을 때 그 소리는 귓구멍을 타고 들어와 고막을 진동시키고, 그 진동이 다시 달팽이관에 전달되면 청신경이 있는 내이를 거쳐 대뇌의 청각 중추로 전달된다. 이때 고막으로 들어온 소리 대부분은 달팽이관으로 전해지지만 일부는 반사되어 귓구멍을 통해 다시 외부로 빠져나간다.

그런데 귀에 이어폰을 꽂고 있으면 반사된 소리가 빠져나가지 못해서 필요 이상의 큰 소리가 달팽이관에 전달되어 청신경 세포의 손상을 유발하고, 이 같은 과정이 지속적으로 반복되면 소리를 듣는 데 장애가 생기게 된다. 이것이 바로 소음성 난청이다.

이어폰의 음량은 최대 140데시벨까지 높일 수 있는데, 많은 사람이 100~120데시벨까지 듣고 있는 것으로 알려져 있다. 집에서 음악 감상을 할 때 음량이 85데시벨, 제트엔진의 소음이 약 150데시벨이라는 점을 감안하면 이어폰 음량을 최대로 올려서 듣는 것이 귀에 얼마나 큰 부담인지 알 수 있다. 이론적으로는 90데시벨 이상의 소음에 하루 8시간 이상, 105데시벨의 소음에 하루 1시간 이상 지속적으로 노출되면 소음성 난청이 생기는 것으로 알려져 있다.

대중교통을 이용해 출퇴근을 하거나 외근이 잦은 직장인들 중에는 버스나 지하철 안에서 이어폰이나 헤드셋으로 음악을 듣는 사람이 많다. 그런데 운행 소음이 큰 지하철에서 이어폰으로 음악을 듣는 것은 위험하다. 지하철 내부 플랫폼의 소음 강도가 85~95데시벨 수준인데, 이 소음에 음악소리가 묻히지 않으려면 볼륨을 100데시벨 이상으로 높여야 하기 때문이다. 이론적으로 지하철에서 매일 1시간씩 음악을 청취한다면 수년 내 소음성 난청에 걸리게 되는 셈이다.

최근에는 직장인들의 경우 과도한 업무와 관련된 스트레스가 난청의 요인으로 부각되고 있다. 스트레스를 받으면 목과 어깨 근육이 긴장되어 청신경 부근의 혈류장애가 나타나고 얼굴로 열이 오르는 상열감이 생겨 달팽이관의 청각세포가 파괴될 수 있다.

책상에 팔꿈치를 올리고 손으로 턱을 괴는 습관도 귀 건강을 위협할 수 있다. 턱관절에는 후각을 전달하는 감각신경인 후신경과 시각을 맡는 지각신경인 시신경, 소리를 듣는 달팽이관 신경과 평형감각을 맡은 안뜰 신경으로 이뤄진 내이신경, 중간뇌의 뒤쪽 아래에서 일어나며 눈구멍으로 들어가서 안구를 움직이는 근육에만 분포하는 도르래신경 등 다양한 신경이 12개나 밀집해 있다. 이처럼 중요한 턱을 수시로 괴면 턱관절의 균형이 깨지면서 평형기능과 청신경 기능에 이상을 초래한다.

난청은 대인관계 장애뿐만 아니라 심하면 이명, 불면증, 불안감, 피로, 스트레스, 두통을 일으킨다. 맥박과 혈압에도 영향을 미쳐 소화장애 및 자율신경계 이상으로 이어질 수 있다. 한번 나빠진 청력을 다시 정상으로 회복시키기는 어렵기 때문에 평소 이어폰으로 음악을 자주 듣고 있다면 주기적으로 청력검사를 해서 불행한 사태를 미연에 방지해야 한다.

이어폰 한쪽만 듣는다면 방향감각까지 상실

헤드폰이나 이어폰은 크게 밀폐형, 오픈형 그리고 커널형 등으로 나뉜다. 밀폐형은 외부 소음을 막는 스펀지 등이 덧붙여 있고, 오픈형은 이어폰 등이 귀에 밀착되지 않아 외부음을 완전히 차단시키지 않는다. 그리고 이어폰을 귓바퀴에 끼우는 게 아니라 귓구멍에 넣는 것이 커널형이다.

당연히 귀에는 오픈형이 상대적으로 안전하고, 밀폐형과 커널형이 위험하다. 외이와 중이의 압력차가 발생하지 않아 상대적으로 귀 손상이 적은 오픈형에 비해 밀폐형과 커널형은 압력차가 발생해 소음으로 인한 귀 손상이 커지기 때문이다.

종종 귀를 혹사시키지 않으려는 의도로 이어폰을 한쪽 귀에만 사용하는 경우가 있는데, 한쪽 귀에만 난청이 발생하면 균형 있는 듣기가 불가능해지고 나아가 소리가 어디에서 오는지 모르게 되어 방향감각까지 상실할 수 있다.

귀를 많이 썼다면 잠시 조용히 휴식

소음성 난청에는 마땅한 치료법이 없으니 무엇보다도 예방이 최선이다. 소음에 장기적으로 노출되는 환경에서 근무하고 있다면 귀마개 같은 청력 보호구를 사용해 소음을 감소시켜야 하고, 소음에 노출된 뒤에는 조용한 곳에서 충분히 귀를 쉬게 해주는 것이 좋다. 최근에는 헤드폰이나 이어폰 스타일의 귀마개부터 1회용 귀마개까지 다양한 청력 보호구가 선보이고 있다.

이어폰은 음량뿐 아니라 사용시간도 중요하다. 이어폰을 사용할 때는 장시간 사용하지 말고 짬짬이 쉬어야 한다. 가령 하루에 2시간 이어폰을 낀다고 하면 중간에 10분이라도 이어폰을 뺀다. 최대 볼륨을 설정할 수 있는 볼륨 제한기능을 추가한 음향기기를 사용하는 것도 좋은 방법이다.

어쩔 수 없이 이어폰이나 헤드폰을 써야 한다면 귀를 혹사시키지 않는 한도 내에서 사용한다. 음악을 들을 때는 지하철이나 버스 안에서처럼 시끄러운 장소를 벗어난 곳에서 듣고, 음악소리가 이어폰 밖으로 새어나오지 않을 만큼 볼륨을 낮춘다. 음량은 사용하는 음향기기 최대 볼륨의 70퍼센트 이하가 적당하다.

귀를 위한 좋은 습관 5가지

1. 시끄러운 작업환경에서는 귀마개를 착용해 소음성 난청을 예
   방한다.

2. 음악을 들을 때는 중간 중간 이어폰을 빼 귀를 쉬게 한다.

3. 소음성 난청을 일으킬 수 있는 중이염이나 감기를 바로 치료
   한다.

4. 청력을 약화시키는 주범인 호모시스테인(단백질의 기본구성물
   인 아미노산) 물질을 줄여주는 엽산이 풍부한 시금치, 브로콜
   리, 콩류, 과일류를 즐겨 먹는다.

5. 귀지를 너무 자주 파지 않는다.

청력자가진단법

나의 청력은 괜찮은 것일까? 우선 25데시벨 이하인 시곗바늘 움직이는 소리
를 들을 수 있으면 정상이다. 사람에 따라 청신경세포의 강도가 다를 수 있어
청력의 정도에 차이는 있지만 가까이서 소곤거리는 말소리나 비오는 날의 빗
방울 소리, 맑은 날의 새소리 등을 잘 들을 수 없다면 청력검사를 받아봐야
한다.

어지럼증,
빈혈이 아니라 귀 때문이라고?

회사 구내식당에서 점심을 먹다 갑자기 쓰러진 형석 씨. 처음에는 빈혈인 줄 알았는데 검사를 해본 의사는 뜻밖의 진단을 내렸다. '귀에서 돌이 빠졌다'는 것이다. 귓속에 돌이 있다는 것조차 금시초문이던 형석 씨로서는 황당한 일이 아닐 수 없었다.

병원에서 간단한 처치를 받은 뒤 증상은 이내 회복되었지만 그 뒤로는 전에 없이 귀 건강에 촉각을 곤두세우게 되었다. 귀는 청각기관일 뿐 아니라 인체의 균형을 잡는 데도 중요한 기능을 한다는 것을 이번 일을 통해 새삼 깨달았다.

갑작스레 찾아온 어지럼증으로 고통받는 환자가 늘고 있다. 특히 요즘에는 젊은 직장인 환자가 급증하는 추세다. 2~3년 전만 해도 어지럼증 환자 대부분이 50대 이상 중년층이었지만 과로와 스트레스 등의 원인으로 젊은 직장인 환자가 많아지고 있다.

물론 어지러운 증세가 모두 병에 걸렸다고 볼 수 없다. 높은 곳에 올라갔을 때 느껴지는 현기증이나 배 멀미로 인한 어지럼증, 놀이기구를 탔을 때의 어지러움 등은 모두 정상적인 신체반응이다. 그런데 일상생활 속에서도 이유 없이 어지럼증이 나타난다면 문제가 된다.

어지럼증은 크게 귀에 이상이 있거나 내과적인 문제 또는 뇌혈관 장애나 종양 등 중추신경에 문제가 있을 때 발생한다. 그중에서도 어지럼증의 80퍼센트가 귀로 인해 나타난다. 특히 주변의 물체가 빙글빙글 도는 것처럼 느껴진다면 귀 건강을 확인해야 한다. 그럴 경우 눈을 뜰 때나 고개를 돌릴 때, 몸을 움직일 때 증세가 더욱 심해질 수 있다. 이러한 어지럼증은 귀가 울리는 이명이나 청력장애, 가슴 속이 불쾌하고 울렁거리며 구역질이 나면서도 토하지 못하고 신물이 올라오는 오심, 구토 등의 증상을 동반하기도 한다.

이석증 치료와 전정재활 치료

귀로 인한 어지럼증 가운데 가장 흔한 것이 이석증에 기인한다. 이석증은 말 그대로 귓속에 들어 있는 돌이 문제를 일으키는 질환이다. 귓속에는 우리 몸의 균형을 담당하는 전정기관이 있는데 이는 세반고리관과 전정으로 나뉜다. 이 가운데 세반고리관과 연결되어 있는 이석주머니 안에 모래알처럼 생긴 칼슘 성분의 작은 돌가루(이석)가 쌓여 있다. 여기서 돌가루가 빠져나와 세반고리관 속을 돌아다니면 평형기능에 장애가 생겨 어지럼증이 발생한다. 이석증은 두부 외상, 전정 신경염, 메니에르병, 귀 수술, 비이과적 수술 등으로 인해 발생하며, '양성자세현훈'이라 하여 특정 체위에서만 나타나는 경우가 있으나 그 원인은 밝혀지지 않았다.

잠자리에서 일어나거나 앉은 자리에서 고개를 돌리거나 움직일 때 어지럽다면 이석증일 가능성이 높다. 가만히 있으면 5분 이내에 증상이 가라앉는 특징이 있다. 이석증은 심각한 질병으로 발전하지는 않지만 방치했을 경우 어지러움이 점점 심해져 메스꺼움이나 구토, 신경과민, 우울증상 등을 보일 수 있다.

이석증은 반고리관 안의 이석을 제자리로 돌려보내는 방식으로 치료가 진행된다. 이석이 든 전정기관의 위치에 따라 애플리 매뉴버, 브랜드 다로프, 서몬트 방법 등과 같은 다양한 위치 교정술을 활용해 이석 조각을 원래 자리로 내보낼 수 있다. 이런 방법으로 90 퍼센트 이상 증상을 회복시킬 수 있으며, 치료를 통해 본래 있던 이석주머니로 들어간 이석은 자연스럽게 녹아 없어진다.

평형감각을 되돌리기 위한 전정재활 치료 방법도 있다. 이는 약해진 전정기능이 중추신경에 빨리 적응하도록 돕는 치료법으로, 증상이 빨리 없어지는 것은 물론 평형감각이 좋아지고 일상생활에

복귀하는 데 도움을 준다. 병원에서 일정한 교육을 받은 후 가정에서 반복적으로 훈련하면 된다. 어지럼증이 있는 모든 직장인이 전정재활 치료를 받는 것이 아니라 치료 뒤에도 증세가 완전히 없어지지 않고 지속되는 경우에 해당한다.

이석증 외에 나타나는 귀로 인한 어지럼증

이석증 외에도 어지럼증을 유발하는 원인은 많다. '전정신경염'은 이석증 다음으로 흔한 어지럼증이다. 몸의 평형을 감지하는 전정기관을 담당하는 신경의 기능이 염증으로 인해 일부 혹은 완전히 마비되어 어지럼증을 경험하는 질환이다. 증상은 어느 날 갑자기 어지럼증이 찾아오고 며칠 동안 계속된다. 또한 속이 메스껍고 구토가 나거나 식은땀을 흘리기도 한다. 원인은 아직 분명하지 않지만 바이러스 감염으로 인한 것으로 추정된다.

마치 발작처럼 현기증이 나타나는 경우도 있다. 메니에르병Meniere's disease이 대표적이다. 메니에르병은 1861년에 프랑스의 의사 메니에르Meniere에 의해 처음 기술된 것으로, 어지러워 갑자기 쓰러지거나 앉아 있다가 고개가 푹 숙여지고 몸이 엎어진다. 한쪽 귀 또는 양쪽 귀가 액체로 꽉 찬 듯한 압박감과 함께 청력손실, 이명 등도 찾아온다.

메니에르병은 귓속 맨 안쪽 부위에 있는 내이의 내림프액의 흡수 장애로 내림프 수종이 생겨 발병하기도 하고 알레르기가 원인이 된다는 보고도 있지만 아직 정확한 원인은 밝혀지지 않았다.

발작적인 현기증이 일어나면 평평한 바닥에 누워 되도록 움직이지 않고 눈을 뜬 채 시선을 고정시키는 것이 좋다. 어지럼증이 가라앉으면 천천히 일어나도록 하는데 음식물을 토할 가능성이 많으므로 되도록 물도 마시지 않는다.

메니에르병은 초기 발병 환자의 80퍼센트 선에서 자연 치유가 가능하다. 하지만 증상이 장기화될 경우, 증상과 발작 주기 등이 개인에 따라 차이가 있어 치료에 어려움이 따른다. 급성 현기증 증상을 치료하는 데는 약물치료가 도움이 되지만 메니에르병 자체에 대한 근본치료라고 보기는 어렵다. 심한 경우 한쪽 또는 양쪽 귀의 청력을 모두 잃을 수 있기 때문에 예방 차원에서 평소 염분 섭취를 제한하고 술이나 커피, 담배, 스트레스를 피하면서 충분한 수면을 취하는 것이 좋다.

이밖에 '외림프 누공(구멍)'도 빼놓을 수 없다. 무거운 것을 들다가 갑자기 귀에서 '뻥' 하는 소리가 들린 나음 어지러우면서 잘 들리지 않게 되는 경우다. 보통 갑자기 힘을 쓰면 내이의 압력이 떨어지고 외림프액이 바깥으로 흘러나오면서 발생한다. 무거운 것을 드는 것 외에도 머리를 다치거나 비행이나 다이빙, 변을 볼 때, 등산을 할 때, 코를 풀 때 등 갑작스런 기압차가 원인이 된다.

이때는 몸을 안정시키고 증상이 발생하지 않게 주의하면 많이 호전된다. 외림프액은 새는 구멍이 크지 않으면 1~2주 안에 저절로 막히기도 한다. 저절로 낫지 않을 때는 수술이 필요하다. 특히 외림프누공은 내이에 구멍이 뚫려 있기 때문에 언제든지 외이에서 내이 쪽으로 염증이 파급될 수 있어 내이염증이나 뇌막염에 걸릴 위험성이 높다. 외림프누공은 귀 안쪽에 뚫린 구멍을 지방이나 근육, 근막 등으로 막아서 치료한다.

피부가 좋으면
첫인상도 좋다

최근에는 여성뿐 아니라 남성 직장인들도 자외선차단제를 바르거나 메이크업으로 피부 관리에 신경을 많이 쓴다. 피부도 (외모를 통한) 경쟁력의 하나라는 인식이 생긴 것이다.

무엇보다 피부는 오장육부의 건강을 드러내는 척도라는 점을 잊지 말아야 한다. 건강이 나빠지면 피부가 까칠해지거나 검게 변하게 된다. 눈에 보이지 않는 몸속 건강까지 피부를 통해 지켜보자.

무좀은
손, 발, 얼굴을 가리지 않는다

수영강사인 선우 씨. 하루 종일 물속에서 살다보니 무좀이 사라지지 않고 있다. 맨발에 맨몸으로 사람들에게 수영을 가르치는 게 일이다 보니 무좀 걸린 맨발이 신경 쓰였지만 굳이 병원까지 가야 하나 싶은 생각에 약만 바르며 몇 달을 보냈다. 하지만 하루 종일 발이 젖어 있기 때문인지 약을 발라도 좋아질 기미가 없었다.

그런데 얼마 전, 한 회원이 "어머! 우리 선생님, 무좀 있네!"라는 바람에 고개를 들 수 없었다고. 더 이상 치료를 미룰 수 없다고 판단한 선우 씨는 피부과를 찾았다.

무좀(백선)은 곰팡이균이 피부 각질층에 침입해 기생하면서 생기는 피부병이다. 덥고 습한 여름에 자주 발생하는데 무더운 날씨로 신체에 땀 분비가 왕성해지면 무좀균이 번식하기 쉬운 환경이 만들어지기 때문이다. 무좀에 걸리면 환부가 갈라지면서 가려움증과 통증이 오고 출혈이나 악취 등이 동반되는 경우가 많다.

무좀은 사회활동이 활발한 20대에서 40대 환자가 가장 많고 땀이 많이 나는 비만체질의 사람에게서 주로 나타나는데 사춘기 이전에는 발병이 드물다.

무좀균은 전염성이 있어 사람의 인비늘(살비듬)을 타고 다른 사람에게 전염된다. 특히 맨발로 다니는 수영장이나 헬스장에서 옮을 가능성이 높다. 한번 걸리면 쉽게 낫지 않아 꾸준히 치료해야 한다. 실제 높은 재발률 때문에 만성무좀으로 발전할 가능성이 높아 무좀 치료가 어렵다.

부위와 증상에 따라 구분된다

무좀이 주로 발생하는 부위는 발인데, 이른바 발무좀(족부백선)이다. 세부적으로는 발가락 사이에서 발생해 심한 가려움증과 피부 짓무름을 동반하는 '지간형', 발바닥이나 발 옆에 작은 수포가 넓게 퍼지는 '소수포형', 발바닥 전체에 걸쳐 각질이 두꺼워지면서 긁으면 가루처럼 떨어지는 '각화형' 등으로 나뉜다.

무좀은 발뿐만 아니라 손, 손발톱, 얼굴, 몸 등 신체 어느 부위나 발생할 수 있다. 이 중 안면백선은 '얼굴에 생기는 무좀'이다. 환자 자신의 손발 무좀에서 전염되거나 피부병에 걸린 가축, 애완동물과 접촉하면서 발생할 수도 있다.

안면백선은 붉은 반점이 나타나고 심하게 가렵다. 하얀색 각질이 나타나기도 하지만 초반에는 대개 자그마한 붉은 반점으로 시작하는 바람에 일반적인 지루성 피부염으로 오해하기 쉽다. 해당 부위의 홍반이 서서히 주위로 번지고 가운데 부분은 오히려 홍반이 옅어지는 점이 다르다.

손발톱 무좀은 주로 만성 손·발 무좀이 악화되면서 나타난다. 손톱에 무좀이 있으면 대개 발톱에도 무좀이 나타난다. 손발톱이 하얗게 되거나 노랗게 변색해 두꺼워지는 것이 특징이다. 손발톱이 뒤틀리거나 들뜨기도 하는데 심해지면 손발톱이 깨져서 떨어져 나가기 때문에 결국에는 뿌리만 남고 거의 없어져 버린다. 이 과정에서 염증과 통증도 나타난다.

일반적으로는 나이가 많을수록 발병률이 높고 팔다리의 혈액순환 장애를 가졌거나 당뇨병, 손발톱 기형, 유전적 요인 등도 무좀의 발생 가능성을 높인다. 특별한 지각증상이 없고 치료에 오랜 시간이 걸리는 것도 특징이다. 그러나 방치하면 미용상 문제뿐 아니라 살이나 발처럼 다른 부위로 전염될 수 있으니 반드시 치료해야 한다.

발 청결과 건조가 중요하다

무좀을 예방하려면 매일 발을 한 번 이상 깨끗이 씻고 보송보송하게 건조시켜야 한다. 핸드 드라이어를 사용하면 좀 더 효과적으로 말릴 수 있다. 특히 여름에는 습기가 차는 것을 예방하기 위해 발을 씻은 후 파우더를 뿌리면 좋다.

사무실에 있을 때도 외근을 나갔다 들어왔는데 발에 땀이 찼다면 가볍게 씻고 잘 말려준다. 발에 땀이 많은 사람은 여벌의 양말을 갖고 다니다가 양말이 젖으면 갈아 신도록 한다.

맨발에 구두를 신는 여성 직장인이 많은데 곰팡이나 세균에 의한 2차 감염을 불러올 수 있으니 피해야 한다. 특히 사무실에서 맨발에 슬리퍼를 신고 돌아다니면 실내 먼지를 통해 감염되는 일이 많기 때문에 주의가 필요하다.

이미 무좀에 걸렸다면 주의가 더욱 필요하다. 사무실에 양말을 두세 켤레 준비했다가 눅눅한 기분이 들 때마다 갈아 신고, 신발의 경우 한 켤레로 날마다 신지 말고 여러 켤레를 준비해서 교대로 신는다. 하루 종일 신었던 신발은 항진균제 스프레이를 뿌려 통풍이 잘 되는 곳에서 건조시킨다.

양말이나 신발은 땀 흡수가 좋고 통풍이 잘 되는 제품으로 선택하는데 발가락 양말을 신으면 무좀이 번지는 것을 막을 수 있다. 요즘은 여성용 발가락 양말도 나와 있다.

전염과 2차 감염을 특히 주의하라

수영장이나 사우나, 공동 탈의실 등은 무좀균 감염과 관련해서 각별히 주의해야 하는 장소다. 따뜻하고 습한 데다 주로 맨발로 활동하는 곳이어서 감염자에게 떨어져 나온 피부 각질에 의해 무좀균이 전염될 가능성이 높다. 오랜 시간 피부가 물에 불어 있는 상태에서는 무좀균의 전염이 용이하니 각별한 주의가 필요하다.

집도 예외가 아니다. 무좀 환자의 70퍼센트 이상이 가족에게 무좀균을 전염시키고 있다. 무좀에 걸렸다면 사랑하는 가족을 위해 목욕탕 슬리퍼나 수건 등을 따로 사용한다.

당뇨병 환자라면 발 무좀에 더욱 주의해야 한다. 당뇨병 환자는 일반인에 비해 2배 이상 높은 빈도로 무좀이 발생하는데다 네 번째 발가락과 다섯 번째 발가락 사이에 나타나는 지간형 무좀은 피부 균열로 2차적 세균감염을 발생시키므로 당뇨병 환자에게 궤양 혹은 발끝이 썩는 괴저 증상을 유발하기 쉽다. 당뇨병 환자들에게 무좀은 건강을 위협하는 무서운 질병이 될 수도 있으니 발 무좀이 발생하지 않도록 철저하게 예방해야 한다.

민간요법에 의존하지 말고 전문 치료를 받아라

무좀은 관리하기 몹시 귀찮은 데다 잘 낫지도 않는 병이다. 가벼운 질환이라는 인식 때문에 무좀을 발견하고도 방치하거나 임의로 선택한 연고 또는 민간요법에 의존하는 경우가 많아 치료 진척이 느리다. 특히 식초와 정로환을 물에 희석해서 사용하는 민간요법은 잘못된 것이니 피하도록 한다. 식초가 살균작용을, 정로환이 해열작용을 하는 것은 맞지만 궁극적인 무좀 치료법이 될 수 없다. 오히려 장시간 식초를 사용하면 피부가 건조해지고 방어능력이 떨어져 무좀이 악화되기도 한다.

● 발무좀

무좀이 생기면 바로 치료받는 것이 완치율을 높이는 길이다. 물론 초기 무좀의 상당수는 국소 항진균제만 발라도 완치된다. 대표적인 치료제로는 바이엘의 카네스텐 연고가 있다. 만약 각질이 두꺼워졌다면 국소 항진균제와 함께 살리실산salicylic acid이나 요소 성분의 연고를 써서 각질을 제거하는 것이 좋다.

살리실산은 여드름 치료제나 안티에이징 화장품에 들어가 각질을 녹여내는 기능을 하고 사마귀나 티눈 제거용 고약, 아스피린 같은 해열진통제에 들어가기도 하는 성분이다. 요소 연고 역시 각질 용해 기능 때문에 무좀 치료에 사용된다. 하지만 각화형인 경우에는 이런 연고만으로는 쉽게 호전되지 않으니 국소 항진균제 사용과 함께 경구용 전신 항진균제를 2~6주 정도 복용해야 한다.

무좀은 어떠한 치료제라도 단기간에 완치하기 어렵다. 손상된 표피가 정상적으로 재건되기까지는 최소 3주가 걸리는 만큼 3~4

주 이상 꾸준히 치료제를 사용해야 한다.

● 손발톱 무좀

손발톱 무좀은 무좀 발생부위 가운데 치료가 가장 힘들다. 전문가들은 새로운 손발톱이 자라나는 6~12개월가량 꾸준히 약물복용을 하는 것이 관건이라고 말한다. 만약 약을 먹다 중단하면 각질층에 남은 무좀균이 다시 활동하게 돼 재발한다.

하지만 경구용 무좀약을 복용할 때는 주의가 필요하다. 먹는 무좀치료제는 간 기능 및 심부전 증상을 악화시키는 부작용이 있기 때문이다. 따라서 손발톱 무좀 치료를 시작하기 전에 간 기능 검사를 받을 필요가 있다.

장기간 약물복용이 힘들 때는 비교적 약물침투 효과가 높은 밀봉요법도 고려할 만하다. 무좀이 있는 발톱 부위에 3일 정도 약물을 바르고 밀봉한 뒤 무좀 부위의 발톱을 도려내 치료하는 방법이다.

● 안면백선

안면백선은 피지샘의 활동이 증가되어 피지 분비가 왕성한 부위에 발생하는 만성 염증성 피부질환인 지루성 피부염이나 외부 물질과의 접촉에 의해 생기는 접촉성 피부염으로 오인할 만한 소지가 많다. 그로 인해 스테로이드제와 같은 일반 피부염 치료 연고를 임의로 바르거나 약을 먹으면 병을 악화시킬 우려가 있어 매우 위험하다.

따라서 안면백선은 반드시 피부과 전문의의 진찰을 받고 진균검사를 해야 한다. 병변의 경계부 각질을 채취해 직접 도말검사(슬라이드에 도말하여 염색한 표본을 현미경으로 관찰하는 방법)로 균사를 확인하거나 진균배양검사로 진단한다.

보통 백선 부위에 국소 항진균제를 2~4주간 바르는 것만으로도 치료가 가능하다. 하지만 병변이 광범위하거나 그 수가 많을 때, 혹은 국소진균에 반응하지 않을 때 먹는 항진균제를 2~4주간 복용해야 한다.

치료를 서둘러 끝내지 말고 치료기간을 충분히 두고 치료하는 것이 재발을 막는 길이다. 피부를 시원하고 건조하게 유지해야 좋으므로 치료기간에는 사우나나 찜질방처럼 온도와 습도가 높은 곳에는 출입을 삼가는 것이 좋다. 특히 고령자나 당뇨를 앓고 있는 환자는 이러한 장소를 피하는 것이 좋다.

손발에 생기는 습진과 한포진

손과 발에 생기는 피부질환에는 무좀 외에 습진과 한포진이 있다. 그중 습진은 주로 물이나 세제 등 자극이 강한 물질에 장시간 접촉하면서 발생한다. 손에 잘 생기며 손가락 끝에서 나타나다가 손바닥과 손 전체로 번지는 경향을 보인다. 손을 자주 씻는 사람이나 어릴 때 태열이 있었던 사람에게 잘 생기며 고무장갑 사용이나 스트레스로 악화되기도 한다. 증상이 가벼울 경우 보습제를 바르고 물 접촉을 피하면 쉽게 완화한다. 증상이 심할 때는 피부과에서 치료받는 것이 좋다.

한포진은 비염증성 수포성 질환으로 피부에 작은 물집이 생기는 모습은 습진과 비슷하다. 주로 다한증을 가진 사람에게 잘 나타나고 스트레스를 받으면 악화된다. 아스피린, 경구피임약, 흡연 등의 영향을 많이 받는다. 가려움증이 있다는 점에서 습진과 구분되며 일시적으로 좋아졌다가 다시 재발되기를 반복한다. 아직 정확한 원인이 밝혀지지 않아 치료가 어려운 질환이다. 일단 발병하면 휴식을 취하는 것이 최선이다.

사회생활까지 칙칙하게 만드는
기미와 잡티

이제 마흔 살이 된 소라 씨는 기미 때문에 울상을 짓고 있다. 하루 종일 지하 사무실에서 일하는 소라 씨는 평소 해를 볼 일이 별로 없어 출근길에 버스를 타면 일부러 창가에 앉아 햇빛을 쪼이곤 했다. 그러던 어느 날, 눈 밑에 작은 잡티를 발견했다. 대수롭지 않게 여겼는데 시간이 갈수록 점점 크고 짙어지더니 이제 누가 봐도 눈에 띌 정도가 되었다. 기미였다. 나이 마흔에 기미라니….

아직 미혼인 소라 씨로서는 충격이 아닐 수 없었다. 기미 전용 화장품을 써봤지만 별 효과를 못 봐서 피부과 치료를 고려하고 있다.

잡티는 얼굴을 칙칙하고 지저분하게 만드는 주요 원인으로 얼굴에 생기는 기미와 주근깨, 검버섯, 기타 색소침착 등 다양한 피부병을 포함한다.

　요즘은 여성뿐만 아니라 남성 직장인들도 피부 잡티 때문에 스트레스를 많이 받는다. 최근에는 남성의 외모도 사회생활에서 중요한 역할을 한다는 사회적 분위기를 반영해 다양한 남성용 화장품이 나오고 있다. 하지만 메이크업으로 가리는 것은 임시방편일 뿐, 잡티를 치료하지 않고 방치하면 점점 더 진해지고 부위가 넓어진다.

전신건강의 지표가 되는 기미

　기미는 연한 갈색이나 암갈색 또는 흑색의 멜라닌 색소가 불규칙한 모양으로 과다하게 침착되어 나타나는 일종의 색소성 병변이다. 20~50대 여성에게 흔히 볼 수 있고 눈가나 입가, 턱 주변 등에 거뭇거뭇하게 나타나는 것이 보통이며 피부의 다양한 색소질환 가운데 치료가 가장 어렵다.

　기미는 색소 침착의 심각성에 따라 분류되는데 피부 표피에만 얕게 분포하는 '표피형', 피부의 깊은 진피층에까지 분포하는 '진피형', 표피와 진피에 혼재하는 '혼합형' 등이 있다. 우리나라 사람들에게는 진피형과 혼합형이 많다.

　기미가 생기는 정확한 이유는 알려져 있지 않다. 유전적 혹은 체질적인 요인이나 임신 및 경구 피임약의 복용 후 발생하는 경우가 많고 스트레스도 영향을 준다. 또한 자외선 노출, 내분비 이상, 영양부족, 간 기능 이상 등이 기미를 악화시키는 인자로 작용한다.

기미가 생기면 피부과적인 치료에만 집중한다. 하지만 기미를 유발하는 질환을 관리하는 일도 그에 못지않게 중요하다. 특히 여성의 내분비 질환, 간장질환, 신장질환, 변비 등 신진대사가 원활하지 않을 때 기미가 잘 생길 수 있으니 갑자기 기미가 얼굴에 나타난다면 몸 전체의 건강 상태를 살피는 것이 좋다. 직장인들의 과로나 수면 부족도 기미를 재발시키고 악화시키는 요인이다. 이처럼 정신적 긴장 및 과로는 신체 내의 각종 호르몬이나 림프계, 신진대사 등의 균형을 무너뜨려 갖가지 트러블과 질병을 불러들인다.

주근깨, 유전적 요인이 강한 피부 트러블

기미 다음으로 여성들의 마음을 타들어가게 하는 색소질환이 주근깨다. 주근깨는 비교적 유전적 요인이 강한 색소성 피부질환으로 뺨, 이마, 손등, 어깨, 등, 팔 등의 피부 표면에 잘 발생하며 주로 갈색을 띠고 있다. 경계가 모호하고 넓은 기미와 달리 주근깨는 경계가 비교적 명확한 반점 모양이다.

주근깨는 유전적 요인과 별개로, 자외선에 자극을 받은 피부 속 멜라닌 색소의 합성이 증가해 발생하기도 한다. 따라서 주근깨 치

료를 받은 뒤에도 자외선 차단에 꾸준히 신경을 써야 재발을 막을
수 있다.

검버섯의 연령이 점점 낮아지고 있다

나이가 들수록 더욱 뚜렷해져 '저승꽃'이라고도 불리는 검버섯.
흔히 노인에게 나타나는 노인성 반점으로 알려져 있지만 최근에는
20~30대 직장인들에게도 종종 나타나고 있다. 외양이 좋지 않은
데다 피부암과 혼동되는 경우도 많아 세심한 관찰과 진단이 필요
하다.

검버섯은 흔하게 나타나는 피부 양성종양으로 비교적 경계가 뚜
렷한 갈색이나 흑색인데 동전처럼 매끈한 반점 형태로 나타난다.
주로 얼굴과 몸에 나타나지만 두피, 팔, 다리 등에도 날 수 있다.
피부노화나 자외선 노출에 의해 주로 발생하며 증상은 거의 없지
만 때로 가려움증이 있을 수 있다.

검버섯은 한번 생기면 저절로 없어지지 않는다. 요즘에는 화학
약품이나 레이저를 이용해 피부의 일부를 벗겨내 피부가 새로 나
도록 유도하는 박피술 같은 피부과 시술이 일반적인 치료법이다.
검버섯은 피지분비가 많은 부위에 각질층이 비정상적으로 두꺼워
지면서 나타나는 색소 침착이기 때문에 평소 세안을 깨끗하게 하
면서 되도록 자외선에 노출되지 않도록 해야 한다. 발생 초기, 옅

은 색의 검버섯은 알로에 팩을 6개월 이상 꾸준하게 매일 해주면 효과를 볼 수 있다.

전문의 진료에 따라 치료하는 것이 바람직하다

피부에 색소질환이 생겼다면 되도록 빨리 적절한 치료를 받아야 한다. 색소질환은 색소의 형태와 위치에 따라 치료 방법이 다르므로 반드시 전문의와 상담해야 한다.

치료가 끝나도 관리에 각별히 신경을 써야 한다. 치료 부위에 햇빛을 받거나 과도한 마사지 등 자극을 가하면 색소침착이 다시 진해질 수 있기 때문이다.

기미를 일으키는 경구약 복용과 스트레스를 잘 조절해야 한다. 치료 후에는 자외선 차단제와 미백 크림 등을 잘 발라주면서 비타민 C를 복용하면 더욱 좋다. 특히 자외선 차단제를 꾸준히 발라주는 것이 재발을 막는 방법이다.

색소침착을 예방하는 생활습관

비교적 증상이 가벼운 색소침착은 피부과 진료를 통해 두꺼워진 피부각질을 제거한 뒤 화이트닝 제품을 발라준다. 영양섭취도 중요한데 특히 비타민 C와 비타민 E가 피부생장을 도와 피부세포를

건강하게 하고 색소침착을 예방
하는 기능을 한다.

  평소 비타민 C와 비타민 E가 많이
함유되어 있는 음식을 꾸준히 섭취해 피부에 에너지를 보충해주
면 좋다. 비타민 C는 딸기, 오렌지(주스), 레몬(주스), 고추, 귤, 피
망, 브로콜리, 키위, 토마토, 감자, 양배추, 시금치 등 신선한 채소
와 과일에 많이 들어 있고 비타민 E는 콩, 옥수수, 목화씨, 해바라
기씨 등의 식물성기름과 씨눈에 함유되어 있다.

  자외선에 의한 색소침착 예방에 있어 철저하게 자외선을 차단하
는 것이 가장 중요하다. 특히 기미 예방의 1순위는 자외선 차단이
다. 자외선 차단제는 차단지수가 'SPF 30' 이상인 제품을 선택하고
외출 30분 전에 충분한 양을 가볍게 골고루 발라준다. 야외활동이
길어지거나 땀이나 물 등을 접하게 된다면 2~3시간마다 덧발라줘
야 자외선 차단효과를 유지할 수 있다.

일찍 출근하고 늦게 퇴근하는 직장인들의 경우 햇빛을 받을 일이 없다고 생각해 자외선 차단에 소홀하기 쉽다. 또 사무실 내 본인의 자리가 창 근처가 아닌 경우 자외선 걱정은 없다고 생각할 수 있다. 하지만 사무실이나 집 안에도 자외선이 침투하므로 항상 자외선 차단제를 발라야 한다.

직장인에게 쉽게 생기는
피부 트러블

하루 종일 건조한 사무실이나 먼지가 많은 공간에서 일하고 툭 하면 야근에 끝이 없는 업무 스트레스를 받는 직장인들의 피부가 안전할 리 없다. 거기에 더해 메이크업을 하고 있어야 하는 여자 직장인들의 피부는 남자 직장인들보다 더 피로할 것이다. 요즘은 여성은 물론, 남성들도 맑고 깨끗한 피부가 경쟁력이 되기 때문에 세심한 관리가 필수적이다.

건조한 사무실에서 생기기 쉬운 피부건조증

가을 환절기부터 건조해지기 시작한 피부는 겨울철에 접어들면 서 더욱 건조해진다. 왜냐하면 난방이 틀어진 사무실에 계속 있게 되면서 피부가 건조해진 실내의 영향을 받기 때문이다. 실제로 피부건조증 때문에 고생하는 직장인이 많다.

피부건조증은 피부에 정상인 수치의 10퍼센트 이하로 수분이 부족해진 상태를 가리킨다. 증상이 심해지면 붉은 반점, 피부나 점막에 물집이 생기는 열창, 피부 비늘 등이 나타나면서 피부 표면이 거칠어진다. 피부건조증은 건성습진, 건선, 아토피피부염 등으로 발전될 가능성이 있어 가볍게 넘겨서는 안 된다.

피부건조증을 예방하기 위해서는 수시로 물을 마셔 체내 수분을 충분히 보충해야 한다. 하루에 6~8잔 정도는 꼭 마신다.

아침저녁으로 보습제를 발라도 좋다. 일주일에 한 번 정도는 딥 클렌징 크림으로 묵은 각질을 제거하면 좋은데, 피부가 건조하다면 각질제거 전용 스크럽이나 필링제의 사용을 자제하고 미지근한 물로 부드럽게 피부를 씻어낸다.

피부건조증이 있으면 샤워나 목욕을 오래 하는 것은 피한다. 목욕시간이 길어지면 피부가 건조해질 수 있기 때문이다. 씻은 뒤에는 반드시 온몸에 보습제를 골고루 발라줘야 수분 손실을 막을 수 있다.

건선, 면역체계 약화가 문제

건선은 붉은 발진으로 시작해 시간이 흐르면서 하얀 각질이 점차 생기는 만성질환이다. 붉은 발진은 주위에서 발생한 새로운 발진들과 서로 뭉쳐지거나 커지면서 퍼져 나간다. 많이 퍼지는 경우에는 전신의 거의 모든 피부가 발진으로 덮이기도 한다.

처음에는 좁쌀처럼 작게 나타났다가 시간이 흐르면서 발진 부위 위에 하얀 비듬 같은 각질이 나타나 외관상으로도 보기 좋지 않다. 건선은 일반적으로 가을부터 시작해 겨울철에 가장 심해진다. 보통 10대에서 30대 사이에 발병하는데 긴 세월 동안 악화와 호전을 반복한다. 주로 심한 가려움증을 동반하고 환부가 점점 퍼지는 경향이 있어 환자의 육체적·심리적 고통이 크다.

건선의 원인은 아직 분명하지 않은데 스트레스와 피부 자극이 큰 원인으로 짐작되고 있다. 편도선염, 인후염 등과 같은 염증도 건선을 일으킬 수 있다. 건선은 피부의 문제뿐 아니라 면역체계 이상까지 생각할 수 있는데, 초기라면 주로 약을 바르는 등의 국소치료법을 쓰지만 중등도 이상일 때는 광선을 쏘이는 광선치료나 약을 먹는 전신요법을 써야 한다.

건선의 발병을 예방하거나 악화를 막기 위해서는 피부 자극이나 피부 손상이 생기지 않도록 주의를 기울여야 한다. 특히 피부가 건조해지지 않도록 평소 샤워는 가볍게 하고 보습에 신경을 쓰면서 충분한 숙면과 휴식을 취해 스트레스와 과로는 빨리 푼다.

아토피 피부염, 평소 건강관리가 중요

아토피 피부염은 피부와 호흡기 등에 나타나는 일련의 알레르기 증상이다. 전체 인구의 20퍼센트 정도가 앓고 있을 만큼 흔한 질병이 되었다. 주로 유아기나 소아기에 시작되는데 만성적이고 재발이 잘 돼 치료가 어렵다.

어릴 때 아토피 피부염을 앓았다 호전된 경우에도 알레르기를 일으키는 특정물질의 자극을 받으면 가려움증이나 염증 반응이 생길 수 있다. 알레르기를 일으키는 원인물질로는 산업화에 따른 환경 공해, 가공식품 속에 들어 있는 식품첨가물, 카펫이나 침대, 소파의 집먼지 진드기 등이 대표적이다.

아토피 피부염이 성인기까지 유지되는 경우 몸의 피부 증상은 호전되는 반면 얼굴에 홍반과 홍조, 습진 등이 나타나는 경향이 있고 손 습진 때문에 고생하는 사람도 많다. 최근에는 성인이 된 뒤에 아토피 피부염이 발병하기도 한다. 유소아기 아토피 피부염이 얼굴과 손발을 비롯한 전신적으로 나타나는 데 비해 성인은 대개 무릎이나 팔꿈치 안쪽의 피부가 코끼리 피부처럼 두껍고 거칠게 변하는 태선화 증상이 나타난다.

아토피 피부염은 피부건조증으로 인해 증상이 악화되는 경향이 있으므로 피부가 항상 촉촉한 수분을 유지할 수 있도록 보습제 사용에 신경을 써야 한다. 날씨 영향을 많이 받기 때문에 여름 동안 피부가 햇빛에 많이 노출되었다면 피부가 약해져서 가을철에 더 쉽게 자극을 받게 된다. 가려움증 때문에 피부를 긁으면 진물이 나고 상태가 악화되어 합병증을 유발할 수 있으므로 외부 자극을 최소화해야 한다. 그 외에 감기 등의 질병에 걸려 체내 면역력이 떨어지면 증상이 더 악화되므로 건강관리에 만전을 기해야 한다.

지루성 피부염에는 지방이 적은 담백한 식사를 하라

지루성 피부염은 피지의 과다분비가 주원인인 만성 염증성 피부질환이다. 두피와 얼굴, 겨드랑이, 앞가슴 등 피지선이 잘 발달하고 피지가 많은 부위의 피부에 주로 나타나기 때문에 여드름과 헷갈리기 쉽다. 여름이면 심해지고 가을, 겨울이 되면 증상이 다소 가라앉는다. 단, 건조한 날씨에 피부가 갈라지면 가려움증이 더욱 심해질 수 있으므로 보습을 잘 해줘야 한다.

지루성 피부염을 예방하려면 모발과 피부를 청결하게 유지하고 외출했다 돌아온 뒤나 땀을 흘린 뒤에는 반드시 피부를 깨끗이 씻는다. 화학성분이 다량 함유된 샴푸와 비누, 화장품 등은 멀리한다.

지방이 많은 음식을 먹으면 더 심해질 수 있으므로 식사는 되도록 담백하게 하는 것이 좋다. 커피나 콜라, 코코아처럼 카페인이 함유되어 있는 음료도 증상을 악화시킬 수 있으니 사무실에서 마시는 음료는 물과 차를 중심으로 선택하는 것이 좋다. 평소 과일과 채소를 되도록 많이 섭취하고 음주를 자제하도록 한다.

안면홍조 방치하면 모세혈관 확장증으로 발전

안면홍조는 직장인들에겐 큰 부담을 주는 피부 트러블로 감정 상태나 주변 온도의 변화에 피부가 예민하게 반응하면서 나타난다. 외부 자극으로 인해 혈관이 확장되면서 얼굴이 붉어지는 반면 혈관의 수축 작용은 원활하지 않아 장시간 붉은 상태가 지속되는 것이다.

주로 스트레스와 화, 흥분 등의 감정적인 요인에 의해 나타나는데 나이를 먹으면 여성은 여성호르몬의 부족, 남성은 남성호르몬의 저하로 발생하기도 한다.

온도 변화도 안면홍조에 영향을 미친다. 높은 온도에서 장시간 생활하거나 실내외 기온차가 큰 경우 얼굴이 붉어지며 화끈거릴 수 있다. 냉난방을 강하게 하는 여름과 겨울에 빈번하게 발생한다.

안면홍조는 방치하면 '모세혈관 확장증'으로까지 발전할 수 있으므로, 대인관계에 문제가 있을 정도로 얼굴이 잘 빨개진다면 적절한 관리와 치료가 필요하다. 평소 여성은 석류, 자두, 칡, 콩류, 우유 등을 그리고 남성은 굴, 새우, 마늘, 시금치, 고구마, 콩류 등의 식품을 많이 섭취하면 도움이 된다.

안면홍조 때문에 스트레스가 심하다면 갱년기 클리닉 등의 호르몬 치료도 고려한다. 신경계를 자극할 만한 자극적인 음식 섭취를 삼가고 스트레스를 조절해 심리적인 안정 상태를 유지하는 것이 좋다.

평소 수분관리와 면역력 강화가 중요

피부 질환은 우리 몸의 면역력과 깊은 관련을 맺고 있다. 피부 자체의 문제 때문에 트러블이 생기지만 몸속의 문제가 피부로 드러나는 경우가 많기 때문에 피부를 건강하고 탄력 있게 유지하기 위해서는 몸속 건강부터 챙겨야 한다. 평소 영양소를 고루 섭취하고 과로나 스트레스를 피해 적절한 휴식을 취하는 것이 피부건강에 도움을 준다.

영양이나 휴식 외에 가장 중요한 것은 피부의 수분관리다. 평소 피부 진정, 세안 및 각질 제거와 보습 등에 신경을 써야 한다. 장시간의 샤워나 목욕은 피부를 건조하게 만들기 때문에 가볍게 씻고 때밀이 수건으로 피부를 자극하는 것도 피해야 한다. 세안이나 목욕을 마친 뒤에는 물기가 남아 있을 때 보습제를 발라 피부의 수분을 유지하도록 한다.

실내 습도도 중요하다. 특히 건조한 겨울철에 사무실 내 습도를 65퍼센트 정도로 유지하는 것이 좋다. 가습기를 틀거나 깨끗이 빤 수건 등을 물에 적셔 책상 주변에 걸어 놓는 것도 도움이 된다.

실내 공기를 자주 환기하는 일도 잊지 말자. 출근 직후, 점심시간 등에 출입문과 창문을 모두 열어놓고 실내공기를 바꿔준다.

직급이 올라갈수록 어려 보이는
동안 피부 만들기

얼마 전 어렵게 입사시험에 통과한 성미 씨는 피부 관리에 신경을 많이 쓰고 있다. 또래 친구들보다 나이 들어 보인다는 얘기를 종종 들어온 터라 직장에서는 새로운 이미지를 만들어 보기로 마음먹은 것이다. 성미 씨는 깨끗하고 맑은 피부를 만들기 위해 목욕도 평소보다 자주 하고 얼굴도 때밀이수건으로 살살 밀며 각질을 제거하는 등 매끄러운 피부를 만들기 위한 다양한 방법을 동원하고 있다.

그런데 며칠 전부터 갑자기 피부 가려움증이 생겨 하루 종일 온몸을 긁적이고 있다. 처음엔 알레르기인가 했는데, 어머니가 "목욕을 너무 자주 해서 그래" 하는 게 아닌가!

성미 씨는 '설마…' 하며 고개를 갸웃거렸다. 어머니 말씀처럼 성미 씨의 가려움증은 정말 목욕 때문일까?

'미인은 잠꾸러기'라는 말이 있듯이 수면은 피부 재생을 돕고 피부 노화를 예방하는 데 효과가 있으므로 잠을 충분히 자는 것이 좋다. 피부 재생이 가장 활발한 시간은 밤 10시부터 새벽 2시이므로 일찍 잠자리에 드는 것이 좋고 평균 7시간 숙면이 피부를 지키는 비결이다.

균형 잡힌 식단으로 영양소를 골고루 섭취해주고 건강한 배변습관도 만들어야 한다. 배변은 하루에 한 번, 주로 아침시간에 하는 것이 좋으며 변 상태는 굵고 부드러운 것이 좋다. 식이섬유가 많은 채소를 듬뿍 섭취하면 대변이 부드럽고 양도 많아진다.

변비가 있으면 안색이 어두워지거나 뾰루지 같은 피부 트러블이 생기기 쉽다. 장내에 유해가스가 차고 이 가스가 다시 다른 장기나 혈관으로 흡수되어 건강을 해칠 수 있다. 비타민과 미네랄이 풍부한 과일과 채소를 충분히 섭취하고 부드럽고 편안하게 배변을 잘하는 것은 피부는 물론, 건강을 위한 필수조건이다.

야근과 회식이 잦은 직장인들이 수면을 충분히 취하거나 균형 잡힌 영양섭취를 하기란 쉽지 않다. 연차가 많아지고 직급이 올라갈수록 업무 스트레스가 가중되면서 피부가 빛을 잃기 십상이다. 그럴수록 피부 관리에 신경을 더 써야 한다. 남녀를 막론하고 피부는 그 사람의 생활환경과 자기관리 수준을 말해주기 때문이다.

피부 노화를 단적으로 드러내는 주름은 주로 건조해진 피부 환경과 자외선 때문에 생긴다. 피부의 건조함을 줄이려면 세안을 한 뒤 보습제를 꼼꼼히 바르고 외출 시에는 반드시 자외선 차단제를 바른다. 주름 예방 기능성 제품으로 주름이 생기기 쉬운 입가나 눈가, 미간 등을 마사지해주면 더욱 좋다. 눈 주변을 마사지하다 보면 해당 부위 체온이 4~5도 상승하게 되는데 이로써 혈액순환이 원활해지고 주름을 예방하게 된다.

전문의들은 피부 노화는 개인의 노력에 따라 많은 차이가 있다고 지적한다. 평소 규칙적인 생활습관을 유지하고 지속적으로 피부 관리를 해나간다면 20대의 피부를 50대까지 유지할 수 있다.

꾸준히 관리해도 피부 트러블이 개선되지 않는다면 피부과 전문의의 도움을 받는 것이 좋다. 주름 개선만 해도 보톡스 같은 주사 요법, 피부탄력을 증가시키는 레이저 치료 등 다양한 방법이 있으니 개인의 특성에 따라 선택한다.

여성 직장인을 위한 건강한 세안법

흔히 목욕이나 세안을 할 때 뜨거운 물로 씻은 다음 차가운 물로 마무리해야 피부에 좋을 것으로 생각하지만 급격한 온도 변화는 오히려 피부를 빠르게 건조시킬 수 있다. 미지근한 물로 한 후 차가운 물로 마무리하는 것이 가장 좋다.

세안을 한 뒤에는 수건으로 물기를 말끔하게 닦아내는 것보다 손바닥으로 살살 두드려 흡수시키고 3분 이내에 기초화장품으로 보습을 한다. 기초화장품은 자극이 적은 제품으로 자신의 피부상태에 따라 선택한다. 건성 피부는 수분과 유분 밸런스가 잘 이루어진 제품을, 지성 피부는 수분 위주의 제품을 쓰는 것이 좋다.

돼지껍데기나 닭발처럼 콜라겐 함량이 높은 식품도 피부 관리에 도움이 된다. 하지만 음식을 통해 섭취된 영양소는 피부까지 전달되는데 시간이 오래 걸리므로 필수영양성분을 함유한 스킨케어 제품을 피부에 바르는 것까지 같이 해야 효과적이다.

남성 직장인을 위한 건강한 면도법

많은 남성이 여드름이나 건선, 지루성피부염 등을 앓고 있다. 이처럼 피부질환이 있는 남성들은 면도할 때 트러블 부위에 닿는 자극을 최소화하는 것이 중요하다. 면도가 피부에 생각보다 큰 자극을 주기 때문이다. 올바른 면도법을 익혀 두면 피부 자극을 최소화할 수 있다.

1. 미지근한 물로 충분히 세안을 해서 피부에 쌓여 있는 피지와 노폐물을 제거한다.
2. 따뜻한 물수건으로 면도 부위를 감싸서 피부의 긴장을 풀고

수염을 부드럽게 만들어준다.

3. 면도 크림을 수염이 난 방향의 반대방향으로 바른다. 비누를 쓰면 면도날이 미끄러져 자칫 상처를 입을 수 있으므로 되도록 면도 전용 크림을 사용한다.

4. 면적이 넓은 부위에서 좁은 부위로, 수염이 부드러운 부위에서 억센 부위로 면도를 진행한다. 볼에서 시작해 얼굴 가장자리, 목, 입, 턱, 콧수염 순으로 이동하면서 면도하는 것이 효율적이다. 이때 면도기는 수염이 난 방향대로 움직인다. 역방향으로 면도를 하면 털을 짧게 깎는 데는 효율적이지만 피부에 크고 작은 상처가 생길 수 있다.

5. 찬물을 얼굴에 뿌리듯 세안하고 찬 물수건으로 면도 부위를 감싸 피부를 진정시킨 다음 보습제를 바른다.

피부를 지키려면 '이태리타월'은 금물

목욕할 때 나오는 때는 우리 피부의 보호막을 이루는 각질층이다. 소위 이태리타월로 불리는 때타월을 이용해서 무리하게 때를 밀면 피부 보호 기능을 하는 각질층이 떨어져 나가 피부가 민감해질 수 있다. 사람의 피부는 30~39일을 주기로 세포조직을 새로 만들며 죽은 세포를 밖으로 밀어내는데 인위적으로 각질층을 벗겨내면 피부의 교환주기를 앞당겨 때가 오히려 더 많아진다. 게다가 피부는 수분을 유지하지 못해 건조해지고 표면이 갈라져 피부건조증이나 가려움증 등 피부질환이 나타날 수 있다.

아토피 피부염이나 건성 습진이 있다면 샤워는 하루에 1회 정도가 적당하고, 입욕은 일주일에 1회 5~10분 정도로 가볍게 하는 것이 좋다.

목욕을 마친 뒤에는 미지근한 물로 충분히 씻은 다음 시원한 물로 헹궈서 피부의 열기를 가라앉힌다. 때를 밀 때는 거친 때수건이 아닌 부드러운 스펀지로 가볍게 밀되 심장에서 먼 쪽부터 밀어야 심장에 부담이 덜 간다.

피부 속 수분을 지키기 위해
버려야 할 세 가지

피부 노화는 내적·외적 요인이 함께 작용해서 진행된다. 자외선이나 공해, 건조한 환경 등의 외적 요인과 음주, 흡연, 수면 부족, 만성적인 스트레스 등의 내적 요인이 복합적으로 작용하면 인체의 탄력섬유가 손상되고 피부가 건조해지며 거칠어지게 된다.

피부 노화를 예방하기 위해서는 외적인 요인보다 피부 속에서 진행되고 있는 노화에 관심을 더 기울여야 한다. 피부세포는 끊임없이 새로운 세포를 만들지만 20세가 지나면 새로운 세포라 할지라도 그 질이 떨어진다. 그리고 25세를 기점으로 표피층과 진피층의 두께가 얇아지고 탄력이 떨어지게 된다. 진피와 표피 사이에서 영양을 공급하고 노폐물을 운반하는 물결 모양의 기저층도 나이가 들면 점차 늘어져 평평해진다. 이 때문에 나이가 들수록 얼굴 라인이 늘어지고 탄력이 없어 보인다.

피부의 탄력은 진피 속에 함유된 콜라겐이 좌우한다. 원래 진피 속에는 콜라겐이 70퍼센트 정도 함유돼 있다가 환절기나 겨울철에 피부가 건조해지고 유수분 밸런스가 깨지면 60퍼센트 이하로 떨어진다. 이 때문에 환절기와 겨울철 등에 유난히 피부 탄력이 떨어지고 잔주름이 발생하는 것이다. 따라서 건강한 피부를 만들기 위해서는 내적 요인에 항상 관심을 기울여야 한다.

스트레스 줄여야 피부도 건강하다

피부에 악영향을 끼치는 요인 중에 스트레스만큼 강력한 것은 없다. 실제로 많은 전문의가 '피부를 망치는 주범'으로 스트레스를 꼽는다. 스트레스는 피부에 즉각적인 영향을 미칠 만큼 파괴력이 강하다. 스트레스는 피부에 염증성 뾰루지를 일으키고 신경 말단에서 전달물질을 분비해 멜라닌 색소를 만들어 주근깨나 기미, 잡티처럼 색소 트러블을 발생시킨다. 무엇보다 몸속에 활성산소가 쌓여 전반적인 피부 노화를 야기한다.

스트레스가 쌓이면 모세혈관에 혈액공급이 원활하지 않게 되고 피부가 손상될 가능성이 높아진다. 나이가 들수록 피부는 스트레스에 민감한 반응을 보이기 때문에 스트레스 관리에 만전을 기해야 한다.

하지만 직장인들이 스트레스를 받지 않고 살아가기란 불가능하다. 따라서 직장 내 스트레스를 해소할 수 있는 방법을 터득해 그때마다 스트레스를 풀어야 한다. 충분한 수면은 스트레스를 푸는 가장 좋은 방법이다. 이외에도 걷기와 산책, 스트레칭 등의 가벼운 운동과 음악 감상, 가벼운 목욕 등으로 몸과 마음의 피로를 풀어주는 것이 좋다.

음주와 흡연을 멀리해야 피부 속 수분 지킨다

적당량의 술은 혈액순환과 신진대사를 활발하게 해줘 피부를 부드럽고 탄력 있게 만든다. 그러나 지나친 음주는 위와 간장, 심장 등에 부담을 주고 위염과 지방간 등 성인병을 일으켜 건강을 망칠 뿐 아니라 피부에도 악영향을 미친다.

술은 주로 늦은 밤에 마시므로 수면 부족, 야식 섭취 등으로 연결돼 피부에 좋지 않은 영향을 미친다. 하지만 직장인에게 회식은 피하기 어려운 시간이다. 부득이하게 회식자리에 참석하게 된다면 안주를 잘 챙겨먹어야 속을 버리지 않고 피부를 지킬 수 있다. 안주도 많이 먹으면 몸에 좋지 않다. 되도록 기름기 적은 살코기나 생선류를 찾고 채소, 과일 등을 함께 먹는 것이 좋다.

한꺼번에 많은 양의 알코올이

몸에 들어오면 몸은 알코올을 분해하기 위해 효소를 분비하기 시작한다. 이때 분비되는 부신피질 호르몬이 피부 트러블의 원인이 된다. 피지 분비량을 늘려 뾰루지나 여드름을 유발하고 몸 안의 수분을 밖으로 배출해 피부 건조증을 일으킨다.

평소 피부질환을 앓고 있으면 음주로 인해 면역력이 떨어지면서 병세가 더욱 나빠질 수 있다. 술을 마실 때 얼굴이 빨개지는 사람은 술자리를 더욱 자제해야 한다. 얼굴이 빨개지는 사람은 인슐린 저항성의 위험도가 높아 그렇지 않은 사람에 비해 술이 더욱 해로운 영향을 줄 수 있다는 연구결과가 있다.

여성 직장인들은 기본적으로 피부에 민감한 편이지만 남성 직장인들은 신경을 덜 쓰는데다 대부분이 음주나 흡연, 과도한 운동 등을 하고 있어서 더욱 세심한 관리가 필요하다. 가급적 절주와 금연을 실천하고 운동 중에는 자외선 차단제를, 운동을 마친 뒤에는 샤워 후 3분 내에 보습제를 발라 피부 관리를 해준다.

인체에 백해무익한 담배가 피부에 좋을 리 없다. 담배연기에는 발암물질과 더불어 건강을 해치는 다양한 성분이 포함되어 있는데다 술과 마찬가지로 피부 속 수분을 빼앗아 피부 건조증을 일으킨다. 더욱이 담배연기 속 다양한 미세입자들은 피부의 모공을 막아 피부노화, 잔주름 등 각종 피부 트러블을 일으킨다. 흡연으로 수분을 잃은 피부는 차츰 윤기가 사라지고 거칠어지면서 전체적으로 피부 톤이 탁해지는데다 탄력도 줄어든다. 피부 건강을 위해서는 절주와 금연이 필수적이다.

변비가 없어야 피부도 가볍고 개운하다

변비는 소화된 음식물의 찌꺼기가 몸 밖으로 배출되지 않고 오랫동안 장 속에 남아 있는 증상이다. 변비에 걸리면 대장의 기능이 부실해져 아랫배에 마치 가스가 찬 것 같은 불편함과 고통을 느끼게 된다. 더불어 독소가 혈관을 타고 이곳저곳으로 옮겨지는 과정에서 피부에 좋지 않은 영향을 끼친다. 실제로 변비 때문에 피부가 거칠어지고 여드름이나 뾰루지가 발생한다고 전문의들은 말한다.

변비를 예방하려면 평소 규칙적으로 생활하고 섬유질이 풍부한 과일과 채소를 즐겨 먹으며 하루 1리터 이상의 수분을 섭취해야 한다. 스트레스를 멀리하려는 긍정적인 태도와 함께 적당한 운동도 꾸준히 해야 한다.

피부 노화를 막는
직장 내 생활습관

건조하고 환기가 쉽지 않은 사무실에서 하루의 절반에 가까운 시간을 보내고 있는 직장인들. 특히 사무실의 위생은 어느 누구도 장담할 수 없다.

피부건강 측면에서 본다면 직장인들에게 사무실만큼 무서운 곳도 없다. 종일 냉난방기에서 쏟아지는 바람과 미세먼지는 피부를 건조하고 불결하게 만든다. 건조하고 불결한 사무실 환경은 피부 당김부터 시작해 가려움증을 유발하고 피부 건조증을 악화시킨다. 만약 여드름이나 아토피성 피부 질환을 갖고 있다면 상황은 더욱 심각하다.

사무실 환경을 바꾸기는 힘드니 다음과 같은 방법들로 피부를 보호하자.

물을 많이 마시자

사무실은 습도가 매우 낮아 피부는 수분을 끊임없이 빼앗긴다. 이렇게 빼앗긴 수분을 확실하게 보충할 수 있는 방법은 물 마시기다. 사무실에 있는 동안 하루 1리터 이상, 담배를 피운다면 1.5리터 이상 물을 마신다.

가습기를 활용하자

피부에 수분을 공급해주는 또 다른 방법은 가습기다. 가습기가 없다면 물에 적신 수건을 걸어두거나 분무기로 사무실 바닥이나 공기 중에 물을 뿌려 놓으면 비슷한 효과를 볼 수 있다. 주기적으로 창문을 열어 사무실 공기를 환기시켜 주는 것도 중요하다.

미스트를 사용하자

남성 직장인이나 메이크업을 잘 하지 않는 여성이라면 사무실에서도 종종 세안을 하면 좋다. 그게 어렵다면 메이크업 위에 뿌려서 사용하는 미스트로 수분을 공급해준다. 지나치게 많이 뿌리면 피부 건조증이 악화될 수 있으니 유의한다.

비타민을 섭취하자

비타민 C는 기미와 주근깨를 줄여주고, 비타민 E는 콜라겐 형성을 도와 피부탄력을 좋게 하므로 틈틈이 섭취한다. 비타민 C는 사과, 귤, 감 등의 과일에 많이 들어 있고 비타민 E는 땅콩, 호두, 해바라기씨 등 견과류에 풍부하게 함유되어 있다.

얼굴에 손대지 말자

업무 중 더러워진 손으로 피부를 만지는 습관은 피부 트러블을 불러온다. 오후에는 얼굴의 피지 분비량이 많아져 공기 중 미세한 먼지들이 얼굴에 달라붙은 상태다. 무의식중에 손으로 여드름이나 뾰루지를 짜는 행동, 각질을 손톱으로 뜯는 행동은 얼굴 피부를 망치는 지름길이다. 손은 되도록 자주 씻고 얼굴을 만지지 않는 습관을 들여야 그나마 피부를 지킬 수 있다.

주변은 청결하게 유지하자

책상과 컴퓨터 키보드, 마우스, 전화기, 프린터 등 사무기기나 책, 서류 등이 쌓여 있는 사무실 환경은 기본적으로 먼지가 많이 쌓일 수밖에 없다.

이렇게 쌓인 먼지와 그로 인해 발생하는 세균은 피부로 침투해 문제를 일으킨다. 자신이 자주 사용하는 사무기기들과 주변을 자주 닦고 청소해야 피부 건강을 지킬 수 있다.

특히 책상에 신경을 많이 써야 한다. 미국 한 대학의 연구결과에 따르면, 사무실 책상에서 검출된 세균이 화장실 변기에서 검출된 세균보다 약 400배나 많다. 적어도 일주일에 한 번은 알코올 등 소독제를 묻힌 천으로 책상을 닦고 마른 천으로 물기를 제거해야 한다. 그리고 절대로 책상에 음식을 놓고 먹지 않는다. 업무를 보면서 먹는 간식은 입 안에 대장균 등을 넣는 것과 마찬가지다.

매일 사용하는 키보드와 마우스, 전화기도 세균의 온상이다. 항균물티슈 등으로 자주 청소한다.

탱탱한 피부를
유지하는 비법

세월이 흐를수록 탄력이 줄어들고 잔주름이 늘어나는 피부. 며칠 야근이라도 하면 어느새 늘어지고 칙칙해진 피부 때문에 직장인, 특히 여성 직장인의 스트레스가 심하다.

탱탱한 피부는 절대 그냥 만들어지지 않는다. 피부 노화를 막고 탱탱하고 윤기나는 피부를 만들기 위해서는 무엇보다 생활습관이 중요하다.

철저한 세안

피지와 노폐물, 메이크업 잔여물, 외부 먼지 등 피부의 노화를 부추기는 요인들로부터 피부를 보호할 수 있는 가장 좋은 방법은 세안을 철저하게 하는 것이다. 자극이 없는 클렌징크림이나 거품이 풍부한 클렌징폼을 이용해 미지근한 물로 자극 없이 살살 세안한다. 하지만 이중세안을 너무 강하게 하는 것은 피부 보호에 필요한 피지성분까지 완전히 제거해 피부를 건조하게 만들 수 있다. 메이크업이 강하지 않을 때는 미지근한 물로 충분히 씻어낸 뒤 비누세안만 해도 충분하다. 세안을 마친 뒤에는 찬물로 헹궈 모공을 탄탄하게 조여 준다.

철저한 스킨케어

피부 노화는 20대 중반부터 시작된다. 이때 가장 공들여 관리할 부분이 바로 눈가와 입가다. 이들 부위는 다른 부위보다 움직임이 많은 반면 얇고 피부 재생능력이 낮기 때문에 주름이 쉽게 생긴다. 되도록 눈밑, 눈가, 입가에 문제가 생기기 전부터 주름 개선 화장품 등을 사용해 관리하도록 한다.

마사지는 세 번째, 네 번째 손가락으로 안에서 밖으로 원을 그리면서 가볍게 해주는데 피부가 민감한 사람은 점도가 높은 마사지크림보다 평소 사용하던 로션을 듬뿍 바른다는 개념으로 부드럽게 두세 차례 발라주면 좋다. 그 외에 피부가 지쳐 보이고 피로한 날은 마스크 시트를 활용해 보습을 충분히 해주면 안색도 한결 밝아지고 피부도 촉촉해지는 것을 느낄 수 있다.

비타민과 콩 섭취 늘리기

비타민 C와 비타민 E를 꾸준히 복용하면 피부 탄력을 유지하는데 도움이 된다. 특히 콩은 피부 재생 효과가 있는데다 단백질과 비타민 E 등도 많이 들어 있어 주름을 예방해준다.

비타민 C 함량이 높은 식품 : 고추, 피망, 오이, 감, 귤, 자몽, 오렌지, 레몬, 딸기, 사과, 석류, 키위, 브로콜리, 양배추 등

비타민 E 함량이 높은 식품 : 대두, 식물성 기름(올리브유, 해바라기씨유, 아마씨유, 홍화씨유), 호박씨 견과류, 곡물, 시금치, 브로콜리 등

적당한 운동과 규칙적인 생활

피부는 몸속 건강 상태를 보여주는 모니터와 같다. 신체가 건강해야 피부도 아름다워진다. 유산소운동을 일주일에 3~4회 꾸준히 하면 피부 건강을 증진하는 데 도움이 된다. 꾸준한 유산소운동과 더불어 안면근육 운동을 하면 평소 잘 쓰지 않던 얼굴 근육이 움직여 피부에 탄력을 주고 주름을 예방해준다. 혈액순환도 좋아져 부기가 빠지고 안색이 밝아진다. 입을 크게 벌려 '아에이오우'를 반복해서 발음하거나 거울을 보며 다양한 표정을 짓고 안면근육 운동을 해주면 좀 더 밝고 자연스러운 인상을 가질 수 있다.

평소에 물을 자주, 충분히

모세혈관의 수분 부족으로 생기는 주름은 수분을 충분히 공급해 주면 예방이 된다. 평소 물을 많이 마셔 피부를 촉촉하게 하고 몸 속 노폐물을 배출시켜 피부 트러블을 방지하도록 한다. 만약 물 마시기가 부담스럽다면 녹차나 구기자차 등을 준비해 수시로 마시면 좋다. 반면 커피는 수분 배출을 촉진하는 작용을 하기 때문에 커피를 마셨다면 그 두 배에 해당하는 물을 마신다는 생각으로 수분 섭취를 늘려줘야 한다.

채소와 과일을 충분히

채소와 과일은 각종 천연 비타민과 무기질을 다량 함유하고 있어 노화가 진행되는 것을 예방해 준다. 더욱이 섬유질이 풍부하게 들어 있어 피부 트러블의 원인이 되는 변비도 방지해준다. 채소와 과일이야말로 피부가 먹는 보약이라고 생각하고 평소 채소와 과일을 충분히 먹는다.

자외선 차단제 바르기

자외선은 피부 노화의 가장 큰 원인이다. 자외선에 노출된 피부는 탄력이 떨어지고 두껍고 탁해지며 주름이 생기기 쉽다. 매일 외출하기 30분 전에 자외선 차단제를 발라주면 주름과 잡티 예방에 큰 도움이 된다. 야외활동 시간이 길어지면 2~3시간마다 덧발라 줘야 자외선 차단 효과를 유지할 수 있다.

'피부 미인'은 잠꾸러기

잠을 충분히, 푹 자야 피부 미인이 될 수 있다. 그러나 무작정 오래 자는 것이 능사는 아니다. 얼마나 깊이, 편안하게 잠드는가가 중요하다. 숙면은 체내 리듬을 안정화하고 신진대사를 원활하게 만들어 피부를 맑게 한다. 저녁 10시에서 새벽 2시 사이에는 세포 재생 활동이 가장 활발하게 이뤄지므로 되도록 10시 전에 잠자리에 들도록 한다.

크게, 자주 웃는다

자주 웃으면 얼굴에 주름이 질까봐 걱정하는 사람이 많다. 눈가를 손가락으로 짚고 웃는 사람도 있다. 그러나 많이 웃으면 안면근육의 혈액순환이 활성화되어 피부에 탄력이 생긴다.

웃음 때문에 주름이 생겨도 이는 아름다움을 해치는 것이 아니라 오히려 아름답고 자연스러운 표정을 만들어 주기 때문에 마음 놓고 즐겁게 웃도록 한다.

업무자세 나쁘면
관절은 저절로 무너진다

직장인들이 앓는 관절 계통의 질환 대부분이 잘못된 업무 자세에서 비롯된다. 특히 장시간의 컴퓨터 사용이나 다리를 꼬고 앉는 자세, 높이가 맞지 않는 의자 등은 관절 질환의 직접적인 원인이 된다.

잘못된 자세로 장시간 업무를 보면 목 디스크나 요통 같은 관절 계통의 질환에 걸릴 수 있다. 이 같은 질환에 걸리게 되면 업무능률이 떨어지는 것은 물론, 직장생활 만족도까지 낮아질 수 있으므로 항상 바른 자세를 유지해 관절 건강을 지켜야 한다.

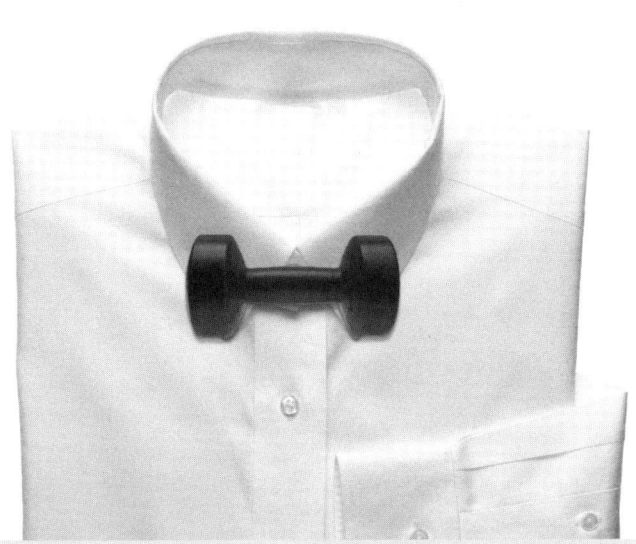

직장인
목 디스크의 원인과 치료

평소 업무 시간에 뒷목이 뻣뻣한 느낌을 자주 받던 주혁 씨. 얼마 전부터 양쪽 팔이 저리면서 손까지 둔한 느낌이 들어 마우스를 잡는 일조차 부담스러워졌다. 더럭 겁이 난 주혁 씨는 병원으로 달려갔다. 병원에서 주혁 씨에게 내린 진단은 목 디스크. 주혁 씨는 일주일간 입원해서 집중적인 물리치료와 약물치료를 받았다.

이후 책상 앞에 앉을 때는 항상 바른 자세를 갖기 위해 노력하고 있으며 꼭 필요한 일이 아니면 컴퓨터를 켜지 않는 것을 원칙으로 삼고 있다.

우리 목은 척추뼈 7개와 그 사이사이 자리 잡은 디스크로 구성되어 있다. 흔히 질환명으로 알고 있는 '디스크'는 허리나 목 등 뼈의 움직임을 부드럽게 하고 무게와 충격을 견딜 수 있도록 수분을 함유한 물질을 가리킨다.

건강한 상태의 디스크는 매우 부드럽고 탄력이 있어서 웬만한 충격은 자연스럽게 이겨내며 뼈를 보호한다. 하지만 평소 잘못된 자세 습관을 갖고 있으면 이 디스크가 과도한 압력을 받아 찌그러지고 균열이 생겨 디스크 내부의 수액이 빠져나와 굳게 되는데, 이 과정에서 척추 주변을 지나가는 신경근이나 척수를 눌러 통증을 불러일으킨다. 이를 '경추 수핵 탈출증'이라고 한다. 흔히 목 디스크라고 부르는 질환이다.

컴퓨터 모니터 앞에 앉아서 매일 과도한 업무량을 처리해야 하는 직장인들에게 목 통증은 심각한 문제다. 최근 발표된 한 의료기관의 조사결과에 따르면 20~30대 직장인의 41퍼센트가 목 통증을 겪고 있는 것으로 나타났다. 과거 '중년층이나 노년층을 괴롭혔던 퇴행성 질환'으로 인식됐던 목 디스크가 청·장년층으로 점차 옮겨가고 있는 셈이다. 컴퓨터로 처리해야 하는 다량의 업무를 비롯해 스마트폰과 태블릿PC 등 장시간 고개를 숙인 자세를 취하는 일이 잦아지면서 이 같은 현상이 벌어지고 있다.

직장인들은 목 디스크에 걸릴 가능성이 높은데 목 디스크 환자들 가운데 40~50대 직장인 남성이 63퍼센트를 차지할 정도로 많다. 과도한 업무시간에 비해 운동시간은 상대적으로 줄어들면서 목 근육이 약화된 것도 중요한 원인으로 작용하고 있다.

목 디스크에 걸리면 오랫동안 시간을 들여 치료해야 하고 통증이 일상생활에 지장을 줄 만큼 커서 집중력이 흐트러지고 업무에도 지장을 받게 된다.

허리 디스크에 비해 목 디스크에 대한 사람들의 인식이 상대적으로 낮은 편이다. 그러나 목 디스크의 치료가 잘못되거나 늦어지면 하반신 마비에서 전신 마비의 위험성까지 있으니 결코 가볍게 보고 지나쳐서는 안 된다.

전문의들은 평소 뒷목과 어깨 통증이 있던 사람이 두통과 손 저림 등에 2주 이상 시달린다면 목 디스크를 의심해야 한다고 말한다. 또한 목을 뒤로 젖힐 때 팔이 저리거나 고개를 숙일 때 팔다리가 동시에 저리다면 목 디스크를 의심해야 한다.

넥타이가 목을 조른다

하루 종일 컴퓨터 모니터를 보느라 목에 쌓이는 부담이 가중되고 있는 사무직 직장인들. 이들의 피곤한 목을 더욱 피곤하게 만드는 것이 바로 넥타이다. 넥타이는 목 근육에 긴장을 유발시켜 목 디스크에 과도한 압력을 가한다.

넥타이는 손가락 두 개가 들어갈 정도로 여유 있게 매도록 한다. 목이 불편할 때마다 머리를 뒤로 젖히거나 턱을 당기는 간단한 스트레칭을 해주면 목에 닿는 스트레스를 예방하고 잘못된 자세를 교정하는 데 도움이 된다.

휴일이라고 소파에 널브러지지 마라

주중에 피로가 쌓이다 보니 휴일이면 집에서 빈둥거리며 시간을 보내기 십상이다. 실제로 소파에 기대 앉아 시간 가는 줄 모르고 텔레비전을 시청하는 것은 직장인들의 낙이기도 하다. 그러나 소파에 눕다시피 한 자세로 장시간 텔레비전을 보면 목 건강에 치명적인 악영향을 미친다.

바닥에 배를 깔고 엎드려서 책을 읽거나 마룻바닥에 신문을 깐 채 고개를 숙이고 보는 습관, 소파 팔걸이에 목을 기대고 낮잠을 자는 것도 목의 건강을 위협한다.

버스에서 졸다가 날벼락

온몸이 파김치가 되어 퇴근하면 버스나 지하철에서 고개를 숙인 채 자는 직장인들을 흔히 볼 수 있다. 그러나 여기에도 목 디스크의 위험이 도사리고 있다. 고개를 숙인 채 조는 습관은 심한 일자목을 유발하고, 고개를 아예 숙이고 자는 습관은 경추에 심각한 하중과 스트레스를 유발한다. 특히 버스가 급정거하면 순식간에 목이 꺾여 급성 목 디스크에 걸릴 수도 있다.

우리 목은 순간적인 충격에 아주 약하기 때문에 버스나 지하철에서는 가급적이면 잠을 자지 않는 것이 좋다. 만약 졸음을 참을 수 없다면 차선책으로 머리를 의자 등받이에 밀착시켜 기대는 자세를 취한다.

중증은 수술이 필요하다

증상이 경미한 초기 환자의 경우 자세교정이나 운동치료, 물리치료, 약물치료 등으로 치료가 가능하다. 그러나 뒷목이나 어깨 등의 통증을 넘어서 다리의 힘이 약해지거나 마비가 될 정도로 중증이라면 수술 등 각종 시술을 고려해야 한다. 수술은 내시경을 이용해서 빠져 나온 수핵만을 제거하는 내시경 수술, 목 앞쪽을 절개해서 해당 디스크를 제거하고 뼈를 하나로 유합하는 방법, 인공 디스크를 삽입하는 방법 등이 있다.

최근에는 비교적 심리적 부담이 적은 '고주파 디스크 감압술'도 시행되고 있다. 증상의 원인이 되는 부분에 가느다란 주삿바늘을 삽입해 치료하는 시술법이다. 디스크 한 마디 시술하는 데 평균 10분 정도의 시간이 소요되는데 입원을 하지 않아도 되고 시술 당일부터 운전이나 샤워도 가능해 직장인들이 선호하는 방법이다. 그 외에 미세현미경을 이용한 수술법인 '미세현미경 척추공 확장술'도 관심을 끌고 있다. 목주름을 따라 2센티미터 정도 절개를 한 뒤

척수 신경이 지나가는 구멍을 넓혀 디스크를 제거하는 방식이다. 출혈이 적어 회복기간이 짧으며 이틀 정도 입원으로도 충분하다.

수술적 치료 전에 흔히 '뼈 주사'라고 하는 신경 차단술을 시행하기도 한다. 신경 차단술은 통증을 유발하는 신경에 주사를 통해 직접 약을 주입하는 방법으로 병의 치료보다는 통증 완화, 염증 완화에 목적을 둔 치료다. 효과가 일시적이어서 정기적인 추가 시술이 필요하다는 단점이 있다.

목 디스크 부르는 거북목 증후군

거북목 증후군은 본래 C자형의 목 라인이 장시간의 컴퓨터 업무나 잦은 스마트폰 사용 등으로 인해 머리가 20도 이상 숙여진 자세를 말한다. 마치 그 모습이 거북의 목과 비슷하다고 해서 붙여진 질환명이다. 이 자세를 교정하지 않고 방치하면 C자였던 경추가 일자 형태로 변형되어 머리의 무게 중심이 앞으로 쏠리게 된다.

초기에는 가벼운 어깨통증이 나타나는데 증상이 악화될수록 경추의 디스크가 조금씩 밀려나고, 더 진행되면 목을 움직일 때마다 어깨뿐 아니라 팔과 손가락까지 저린 증상이 찾아온다. 편두통과 현기증, 눈의 피로, 메스꺼움 등이 동반되기도 한다. 건강한 목보다 충격에 훨씬 약해 디스크가 쉽게 유발될 수 있다. 머리와 뇌에 혈액을 공급하는 목 부위의 동맥인 경동맥에 무리를 줘 집중력 장애와 함께 심하면 뇌졸중에 이를 수도 있다. 따라서 거북목 증후군이 의심된다면 빨리 전문의와 상담해야 한다.

거북목 증후군은 평소 생활습관을 개선하는 것만으로도 충분히 예방할 수 있다. 책상 앞에 앉아 업무를 볼 때는 가슴을 천장으로 향하게 한다는 기분으로 허리를 쭉 편다. 이런 자세를 취하면 자연스레 어깨가 펴지고 목뼈의 배열이 바로 잡힌다.

업무가 바쁘더라도 50분 작업에 10분 정도 휴식을 취하면 좋은데 그것도 힘들다면 틈틈이 자세를 바꿔준다. 장시간 근무를 해야 할 때는 짬짬이 스트레칭으로 뭉친 근육을 풀어준다.

무엇보다 컴퓨터 모니터를 본인의 눈높이에 맞춰 조정하는 것이 좋다. 의자 높이를 높여 키보드와 마우스를 사용하는 팔의 각도가 90도 이상 되게 한다. 그 외에 발에 맞지 않는 구두나 샌들을 신고 구부정하게 걷는 습관, 침대에서 높은 베개를 베거나 소파에 기대 앉아 책이나 텔레비전을 보는 습관 등이 거북목 증후군을 일으키는 원인이 되므로 평소 생활습관을 바르게 하는 것이 중요하다.

목 건강을 위한 오피스 스트레칭

평소 자세를 바르게 유지하는 습관을 들이는 것만으로도 목 디스크를 예방할 수 있다. 우선 컴퓨터 모니터의 높이가 본인의 눈높이에 맞아야 한다. 모니터는 키보드에 손을 얹었을 때 귀와 양쪽 어깨가 수평을 이루는 위치가 이상적이다. 양쪽 어깨가 위로 솟아오른다거나 양쪽 귀나 턱이 들리면 목 건강에 치명적이기 때문에 의자나 모니터 높이를 조정해 바른 자세를 유지할 수 있는 위치를 잡는다.

모니터는 되도록 큰 것을 쓴다. 노트북처럼 작은 화면을 보다보면 자신도 모르게 목에 무리가 가는 자세를 취할 수 있기 때문이다. 거북목 증후군의 우려가 있는 휴대용 단말기의 사용 시간은 되도록 줄인다.

가벼운 목운동과 스트레칭은 목 디스크를 예방하는 지름길이다. 1시간에 10분씩 스트레칭에 투자한다면 경추를 건강하게 유지할 수 있다. 목 스트레칭은 틈틈이 자세를 바꿔 목 근육의 긴장과 스트레스를 풀어주는 것이 기본이다. 허리 뒤에서 두 손을 깍지 낀 채 등 뒤로 팔을 들어 올리는 동작이나 한쪽 팔을 머리 위로 들어 반대편 머리 옆에 손을 갖다 댄 뒤 머리를 당기는 동작을 반복해 주는 것만으로도 충분히 효과를 볼 수 있다. 사무실 의자에 앉아서도 할 수 있는 간단한 스트레칭을 수시로 하면 좋다.

앉은 자세가 나빠서 생기는
관절질환

컴퓨터로 처리해야 할 업무가 많은 직장인은 어깨와 목 근육에 긴장이 반복되면서 컴퓨터 증후군을 비롯해 장시간의 키보드와 마우스 사용으로 인한 다양한 관절질환에 시달리고 있다.

실제로 한 척추관절 전문병원이 20대 이상 40대 이하의 직장인 150명을 대상으로 조사한 결과 직장인들이 가장 많이 통증을 느끼는 부위가 어깨(47명), 목(36명), 허리(28명), 무릎(25명), 손목(14명) 순으로 나타났다. 특히 직장연차가 오래될수록 어깨와 목 부분이 아픈 것으로 조사됐다.

젊은 층을 중심으로 허리 디스크 환자가 급증하고 있는 것도 오랫동안 좋지 않은 자세를 취한 영향이 크다. 허리는 자세마다 받는 하중이 다른데, 실험에 의하면 똑바로 누워 있을 때 25킬로그램, 바로 서면 100킬로그램, 책상에 앉으면 140킬로그램의 하중이 걸린다고 한다. 장시간 책상 앞에 앉아 구부정한 자세로 일할 경우 관절 질환이 생기는 것은 시간문제라는 얘기다.

허리통증, 바른 자세와 스트레칭으로 예방

장시간 책상에 앉아서 하는 업무나 장거리 운전 등으로 척추에 무리가 생겨 고통을 호소하는 직장인이 많다. 그런데 척추 디스크 부분에 심하게 압박이 가해지고 하중이 많이 걸리면 디스크의 변형, 즉 퇴행성 변화가 빨리 진행되고 허리 디스크가 발생할 수 있다. 이와 같은 문제를 미연에 방지하기 위해서는 늘 허리를 꼿꼿이 펴서 바른 자세를 유지한다. 구부정한 자세는 허리와 척추에 엄청난 부담을 준다. 또한 스트레칭을 습관화해 수시로 몸의 긴장감과 근육을 풀어준다.

추간판 탈출증의 80퍼센트는 수술 없이 치료 가능

오랫동안 의자에 앉아 일하거나 무거운 물건을 많이 드는 일을 하는 경우, 평소 자세가 비뚤어진 경우라면 추간판 탈출증을 조심해야 한다. 우리가 흔히 '허리 디스크'라고 부르는 질환이다. 추간판(척추 디스크)은 본래 강한 섬유륜(연골의 속질핵을 감싸고 있는 콜라겐 섬유다발)에 둘러싸여 있어 밖으로 튀어나오는 일이 거의 없지만 잘못된 자세나 행동이 반복되면 섬유륜에 서서히 균열이 발생하면서 내부에 있는 수핵이 흘러나와 척추 신경을 압박하게 된다. 큰 충격을 받으면 발생할 수 있으며 보통은 만성적으로 오랜 기간에 걸쳐 서서히 나타난다.

추간판 탈출증이 생기면 요통이 잦아지고, 요통과 함께 다리가 당기기도 하고 저리는 느낌이 든다. 걷기가 불편하고 심한 경우 다리의 극심한 통증이 느껴진다. 가장 심한 경우는 대소변의 장애가 생기며 다리 근육의 힘이 완전히 소실되기도 한다.

일반적으로는 수술을 가장 좋은 치료법으로 인식하고 있지만 추간판 탈출증 환자의 80퍼센트 이상은 한방치료나 추나요법 등으로도 치유가 가능하다. 추나요법은 손가락과 손바닥으로 뼈를 밀고 당겨서 비뚤어진 뼈를 바로 맞추는 방법을 말한다.

이 같은 치료를 4개월 정도 받아보고 효과가 없으면 수술을 고려한다. 수술적 방법으로는 절개 후 수술하는 방법부터 수술 현미경, 내시경, 레이저 등을 이용한 수핵 절제술 등이 있다.

다리 꼬는 습관이 요통과 하지정맥류 부른다

다리를 꼬고 앉는 습관이 있거나 꽉 조이는 부츠를 즐겨 신는다면 요통과 하지정맥류를 조심해야 한다. 하지정맥류는 피부 바로 밑으로 보이는 표재 정맥이 늘어나서 피부 밖으로 돌출되어 보이는 것을 말한다.

다리를 꼬고 앉는 습관은 다리의 혈액이 심장으로 다시 올라가는 것을 방해하고, 두 넓적다리의 높이를 불균형하게 만들어 골반과 척추에 부담을 준다. 주변 혈액이 잘 돌지 않는 것은 물론, 신경이 압박을 받아 급기야 요통과 하지정맥류가 발병하는 것이다.

특히 여성 직장인들은 하지정맥류 예방을 위해 다리 꼬는 습관을 버리고 하이힐을 신고 출퇴근을 해도 사무실 안에서는 편한 신발로 갈아 신어 발과 다리를 편안하게 해줘야 한다. 틈틈이 발목관절을 상하좌우로 움직여 스트레칭을 해주고, 무릎을 굽혔다 폈다 하는 굴절운동을 해주는 것이 좋다.

책상 앞 바른 자세 만들기

의자에 앉을 때는 의자 깊숙이 앉아 허리를 등받이에 살짝 기댄다. 양쪽 다리는 앞으로 가지런히 내려 균형감 있게 자세를 취한다. 의자의 높이는 앉았을 때 무릎 각도가 90도를 이루는 것이 이상적이다. 책상이나 키보드 위에 팔을 올렸을 때 어깨가 위로 솟아오르지 않고 편안해야 한다.

서 있을 때는 다리 한쪽에 체중을 싣는, 이른바 '짝다리' 자세를 하지 않는다. 이런 자세로 서 있으면 한쪽 다리가 자기 체중보다 훨씬 큰 하중을 받게 되어 관절에 무리가 간다. 정면을 바라보며 바르게 서서 아랫배를 힘주어 끌어당기고 두 다리의 간격을 적당히 벌려 체중을 골고루 분산시켜야 한다.

무거운 물건을 들어 올릴 때 허리만 숙여 물건을 들어 올리면 무게를 고스란히 허리가 지탱하게 되어 허리 디스크 같은 척추질환이 발생할 수 있다. 허리선 이상으로 무거운 물건을 들어 올리지 않는 것이 가장 좋고, 들어 올릴 때는 먼저 무릎을 굽혀 허리 중심에 가깝게 잡은 다음 펴면서 일어나도록 한다.

걸을 때는 아랫배에 힘을 주고 가슴을 펴고 턱을 살짝 당겨 전방을 바라보며 약간 넓은 보폭으로 걷는다. 작은 보폭으로 아장아장 걷는 습관, 신발을 끌며 걷는 습관 등은 무릎과 골반, 척추 등에 악영향을 미치니 되도록 빨리 바로잡도록 한다.

관절염,
시작 연령이 낮아지고 있다

젊은 나이에 관절 걱정을 하는 사람은 그리 많지 않다. 젊음에 기대 건강을 과신하는데다 관절염 환자 대부분이 노년층과 중·장년층이므로 '관절염은 나이가 들면 생기는 병'이라고 알고 있기 때문이다.

관절염이 관절의 노화로 찾아오는 병인 것은 사실이다. 하지만 나이가 많다고 무조건 찾아오는 병이 아니며 30대부터 일찌감치 관절염의 조짐이 보이는 경우도 있으므로 방심해서는 안 된다.

평소 과도한 웨이트 트레이닝이나 무리한 등산, 장시간의 달리기 등 자신의 능력 범위를 벗어난 운동으로 관절을 혹사시키면 나이와 상관없이 관절염이 올 수 있다. 바닥에 무릎을 깔고 하는 걸레질, 하이힐 신기 등 잘못된 생활습관이 누적되어도 그만큼 관절이 빨리 노화된다. 많이 사용한 만큼 손상이 가는 것이다.

관절은 평소 관리가 중요하다. 관절 연골에는 신경이 분포되어 있지 않아서 웬만큼 손상되어서는 증상을 느끼지 못하기 때문이다. 관절에 통증을 느껴 병원을 찾을 때는 이미 연골이 상당히 파괴되었을 가능성이 높다. 치아와 마찬가지로, 관절도 한번 파괴된 연골은 자연 재생이 어려우므로 건강할 때 지켜야 한다.

외래환자 10명 중 2명은 20~30대

한 의료기관의 설문조사에 따르면 관절 문제로 병원을 찾은 외래환자 가운데 37퍼센트가 50대 이상이었고, 20대와 30대는 각각 8퍼센트와 16퍼센트로 비교적 높게 나타났다. 관절염이 젊은 층으로 확산된 데는 기름진 음식과 육식, 가공식품 등이 주를 이루는 서구화된 식습관과 운동부족으로 인한 비만, 관절에 무리를 주는 과도한 운동이나 잘못된 운동방법 등이 원인으로 알려져 있다.

이 같은 사실은 해당 설문에서도 확인할 수 있다. 관절 건강이 나빠진 이유를 묻는 질문에 대해 '늘어난 체중'이라고 대답한 이들이 36퍼센트였고, '과격한 운동'(25퍼센트), '건강에 대한 관심'(18퍼센타), '바르지 않은 식생활'(17퍼센트) 등의 순으로 응답했다.

연골을 비롯한 관절의 노화는 30대부터 서서히 진행된다. 하지만 문제가 표면에 드러났을 때는 되돌리기 어렵다. 지금 당장 관절에 통증이 없다 하더라도 무릎관절 수술 환자가 연평균 20퍼센트 이상 증가하고 있다는 점을 기억하고 정기적인 건강검진 등을 통해 관절 건강을 지켜 나가도록 한다.

4장

발을 못 지키면
책상도 못 지킨다

'발' 하면 '발 냄새'를 먼저 떠올릴 만큼 발은 역할에 비해 대우를 못 받는 부위다. 하지만 발이 인체에 미치는 영향은 놀랄만큼 크고 중요하다. 무엇보다 발은 림프액을 순환시키는 운동의 중심축이기 때문에 발이 바로 서지 않으면 건강은 결코 보장할 수 없다. 특히 하루 종일 구두를 신고 있는 직장인들은 발 관련 질환에 노출될 가능성이 높으니 발 건강에 항상 관심을 가져야 한다.

제2의 심장,
발을 지켜라!

우리 몸에서 가장 수고하면서도 가장 대접받지 못하는 부위가 바로 발이다. 발은 그 자체의 건강도 중요하지만 문제가 생기면 전신건강에 영향을 미치기 때문에 반드시 신경 써야 한다. 전문가들은 잘못된 걸음걸이만으로도 척추 질환이나 내장 이상을 야기할 수 있다고 지적한다.

발가락 건강이 나쁘면 걸음걸이가 나빠져 발목에 이상이 생기고 연쇄적으로 무릎과 고관절, 골반, 척추, 심지어 경추나 턱관절까지 불균형해질 수 있다. 골반이나 척추의 이상은 그 안에 자리하고 있는 내장에 영향을 미쳐 다양한 질병의 시초가 된다.

골격과 관절에 미치는 영향은 더 직접적이다. 예를 들어, 오른쪽 발목에 이상이 있으면 왼쪽 무릎과 왼쪽 샅에 이상이 발생할 수 있다. 오른발에 이상이 생기면 몸은 본능적으로 왼발로 오른발을 감싸게 된다. 결과적으로 왼쪽 발목, 왼쪽 넓적다리, 왼쪽 허리 부분에 더 많은 체중이 실리면서 왼쪽 발과 다리는 짧아지고 오른쪽 발과 다리가 상대적으로 길어지는 식이다. 이렇게 되면 상체에도 좋지 않은 영향을 끼쳐 호흡기와 순환기 계통의 질병에 걸리기 쉬워진다. 반대로 왼발에 이상이 생기면 소화기, 부인과, 비뇨기과 계통에 질병이 발생한다.

발의 구조와 건강에 미치는 영향

우리 몸의 하중을 견디며 일생 동안 지구 네 바퀴 반에 해당하는 거리를 걷는 소중하고 고마운 발. 발은 26개의 뼈와 100여 개의 인대, 20개의 근육으로 이뤄져 있다.

하루 종일 바삐 걷고 뛰면서 쉴 새 없이 움직이는 발은 '제2의 심장'이라 불린다. 심장으로부터 가장 멀리 있는 발까지 도달한 혈액이 다시 심장으로 돌아가기 위해서는 발의 근육이 활발하게 움직여야 하기 때문이다. 1킬로미터를 걸을 때마다 발은 16톤 이상의 압력을 느끼는데, 그 압력이 몸 아래쪽으로 몰린 피를 심장으로 돌려보내는 역할을 한다. 다시 말해 발을 많이 움직이고 제대로 관리해야 온몸에 신선한 혈액과 산소가 전해져 건강을 유지할 수 있는 것이다.

발과 뇌는 인체에서도 서로 가장 멀리 떨어져 있는 기관이지만 신경과 혈관으로 연결되어 있어 밀접한 영향을 주고받는다. 운동이 부족하고 발에 수독이 쌓이면 전신의 혈액순환이 나빠지고 산소공급도 뇌에서 필요로 하는 만큼 충분히 이뤄지지 않는다.

림프액의 순환에는 더욱 중요한 영향을 미친다. 혈액은 심장이라는 펌프가 순환기능을 담당하고 있지만 림프액은 근육을 수축하고 이완하는 운동을 펌프 삼아 순환하기 때문이다. 림프순환은 인체의 면역기능과 직접적인 관련을 맺고 있어서 평소 걷기운동 등을 통해 발바닥을 자극해주면 알레르기를 예방하거나 전신적인 건강을 증진하는 데 도움이 된다.

그런데 직장인들 대부분이 발에 관심을 두기는커녕 하이힐 등으로 온종일 발을 혹사시키고 있다. 좀처럼 걷지 않고 늘 서서 일하는 직장인들에게도 발 고장은 잦다. 발의 피로를 풀 새도 없이 하루를 마감하는 것도 발 피로를 누적시키는 원인이 된다. 직장인들이 다양한 발 질환에 걸릴 확률이 높은 것은 이 때문이다.

발은 몸의 오장육부하고 깊은 관련을 맺고 있는 만큼 그때그때 피로를 풀어주는 것이 몸을 건강하게 지키는 지름길이다. 평소 발목 운동이나 족탕 등을 생활화해 발 건강을 지키도록 한다.

발에 쌓인 피로
푸는 법

평소 발가락과 발목을 전후좌우로 움직여 스트레칭을 해주면 발에 피로가 쌓이는 것을 예방할 수 있다. 외부 활동이 많았거나 운동을 한 날에는 족욕이나 마사지 등으로 발의 혈액순환을 촉진해주면 피로를 해소하는 데 도움이 된다.

편안하고 부드러운 신발을 신는 것이 무엇보다 중요하다. 신발은 밑창에 쿠션의 기능이 있어야 걸을 때 발이 받는 충격을 완화하고 발을 조이지 않으면서 적당하게 감싸 발목이 흔들리지 않고 안전하다. 굽이 높은 구두는 하루걸러 하루 신는 식으로 발에 가중되는 피로를 줄여주는 것이 좋다.

저녁마다 발바닥 마사지

발을 씻은 뒤에는 발 전용 크림을 이용해 부드럽게 마사지를 해주면 좋다. 이때 발바닥을 주먹으로 두드리거나 마사지 도구 등으로 부드럽게 눌러주면 발의 피로를 푸는 데 도움이 된다.

수시로 발바닥의 용천혈(발바닥을 구부렸을 때 오목하게 들어간 부분)을 손이나 마사지 도구로 자극해주면 혈액순환이 원활해지고 신장 기능도 활성화되어 발뿐만 아니라 몸 전체의 피로를 푸는 데 도움이 된다.

양쪽 발바닥을 서로 맞대고 온기가 느껴질 때까지 비벼주는 것도 혈액순환과 부기를 제거하는 데 도움이 된다. 그날 쌓인 피로는 그날 풀어준다는 생각으로 저녁마다 마사지한다.

잠자리에 들기 전 족탕

피로감을 많이 느낀다면 족탕으로 발을 쉬게 하자. 차가운 기운은 올라가게 하고 뜨거운 기운은 내려가게 해야 건강을 유지할 수 있다는 한의학 원리를 이용한 족탕은 수독水毒(수분의 대사가 원활히 이뤄지지 않아 몸 안에 독소가 쌓이는 것)으로 인한 냉기를 해소하고 하체가 붓는 증상, 피로 등을 낫게 해준다.

매일 잠자리에 들기 전 15분가량 따뜻한 물에 발을 담그면 숙면에도 도움이 된다.

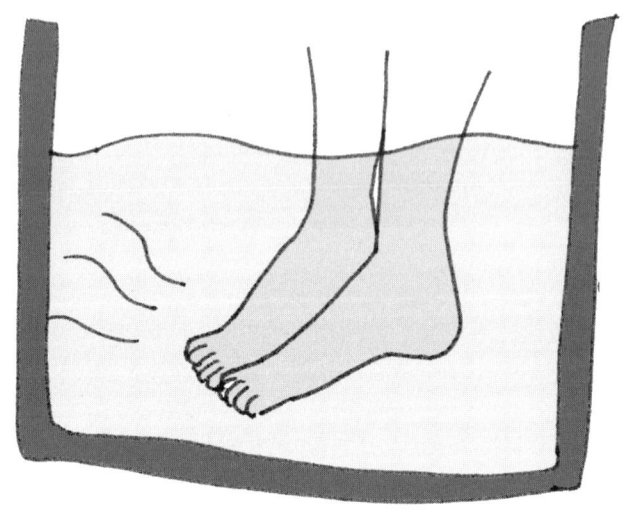

온수와 냉수를 따로 준비해서 1분씩 번갈아 발을 담그는 냉온족
욕법은 무좀이나 동상 같은 발 질환의 예방과 치료에 도움이 된다.

잘 씻고 말리는 청결이 기본

발 건강에 청결도 중요하다. 무좀이나 습진이 없어도 하루 종일
신발 속에 있는 발에는 눈에 보이지 않는 세균이 번식한다. 하루
일과를 마치고 집으로 돌아온 뒤에는 가장 먼저 손과 발을 구석구
석 깨끗이 씻고 발가락 사이사이를 완전히 건조시켜야 한다. 잘 씻
는 것만으로도 발 냄새나 무좀을 예방할 수 있다.

발뒤꿈치에 생기는 각질도 발의 건강과 미용을 해치는 원인이다. 여름에 샌들을 신거나 하이힐을 자주 신으면 발에 각질이 생기기 쉽다. 각질은 발이 건조한 상태에서 버퍼를 이용해 제거한다. 발이 젖은 상태에서 무리하게 각질을 제거하면 피부가 상하고 각질이 심해지니 유의한다.

물구나무서기로 피로와 부종 해소

물구나무서기는 몸 전체의 혈액순환을 원활해주는 매우 효과적인 운동이다. 날마다 3분 정도 물구나무서기를 해주면 하루 종일 지친 다리의 피로를 풀어주는 것은 물론, 부종을 예방하는 데도 좋다.

발을 심장보다 높이 올리고 자기

오후가 될수록 다리가 심하게 붓는다면 혈액이나 체액의 순환이 좋지 않다고 볼 수 있다. 특히 하루 종일 의자에 앉아서 일하는 직장인들은 하체의 순환이 제대로 되지 않아 저녁에 다리가 붓거나 저리는 증상으로 고생한다.

이런 사람들은 잠을 잘 때 높이가 있는 베개나 쿠션을 마련해 다리를 심장보다 높게 두면 신진대사가 원활해지는 효과가 있다. 이 자세는 피로 해소는 물론, 부기를 제거해 날씬하고 매끄러운 다리를 만드는 데도 도움이 된다.

발의 피로를 덜어주는 구두굽 높이

날마다 하이힐을 신는 여성 직장인들의 발은 피로가 쌓일 수밖에 없다. 특히 서서 일하는 사람이라면 발이 큰 고통을 받는다.

가급적 하이힐 신는 횟수를 줄이고, 신더라도 굽 높이가 5센티미터를 넘지 않는 것이 발 건강에 좋다. 하지만 굽이 아예 없는 플랫슈즈는 하중을 발바닥에 골고루 분산시키지 못하니 주의한다. 이상적인 구두 굽의 높이는 2~3센티미터다.

내 발에 맞는
신발 고르기

한국인의 발은 전체적으로 살집이 있는 통통한 발이다. 그래서 발 모양을 고려하지 않고 보기에만 좋은 구두를 선택하면 발에 피로가 더 쌓일 뿐이다. 자신의 발 모양과 특징을 제대로 파악해 편안한 신발을 고르도록 한다.

단점을 보완해주는 편안한 신발을 고른다

발이 통통한 직장인은 신발의 코 부분 디자인이 완만한 원이나 사각형을 이루는 심플한 구두를 선택한다. 이런 구두를 신으면 한결 발이 편하고 날씬해 보인다.

볼이 넓은 발은 가는 굽의 하이힐이나 끈으로 연결되어 발등을 강조하는 구두보다 발등을 감싸는 구두가 좋다. 그리고 다소 굵고 5~6센티미터 정도의 높이가 있는 굽이 발에 안정감을 느끼게 한다. 특히 양쪽 볼이 노출된 디자인의 구두는 안정감이 떨어지니 피한다.

발등이 높은 사람은 둥근 신발을 선택해야 발에 무리를 주지 않는다.

발에 딱 맞는 신발을 고른다

신발을 선택할 때는 발끝이 잘 맞는지, 답답하지 않은지 등을 충분히 확인하고 구입해야 한다. 신발을 신은 다음 엄지손가락을 엄지발가락 끝에 놓고 눌러서 신발 끝부분이 살짝 눌리는 정도가 적당하다. 발가락 앞부분이 쑥 들어간다면 신발이 너무 큰 것이다. 신발은 자신의 실제 발 길이보다 1~1.5센티미터 정도 여유가 있어야 적당하다.

저녁 무렵에 구입한다

발은 아침에 일어났을 때 가장 작고 저녁 무렵 0.5~1센티미터가량 커진다. 하루 종일 열심히 일하다 보면 수분과 혈액이 몸 아래쪽으로 몰려서 붓는 것이다. 오전 중에 신발을 사면 아침에는 딱

맞고 저녁에는 꽉 끼어 불편할 수 있다.

신발은 일어선 상태에서 신는 것이 좋다. 의자에 앉았을 때와 서 있을 때는 발 사이즈가 달라질 수 있기 때문이다.

양쪽 발 크기를 고려해 고른다

사람들 대부분이 양쪽 발의 크기에 약간의 차이가 있다. 보통 오른손잡이는 왼발이, 왼손잡이는 오른발이 큰 경우가 많다. 신발을 고를 때는 반드시 양쪽을 모두 신어봐야 한다. 양쪽 발 사이즈가 크게 차이 날 때는 큰 발에 사이즈를 맞추거나 양발의 중간 크기로 고르는 것이 좋다.

5장

김 대리 주변에
사람이 없는 이유는 **냄새** 때문?

인체 곳곳에서 나는 냄새는 사람마다 갖고 있는 고유의 체취와 땀, 먼지나 분비물 등의 냄새가 한데 어우러지면서 난다. 특히 여름철에는 땀을 많이 흘리고 체온이나 외부 기온이 높아서 좋지 않은 냄새를 유발할 가능성이 높으므로 밀폐된 사무실에서 일하거나 거래처 미팅이 잦은 직장인들은 냄새 관리에 주의를 기울여야 한다.

입 냄새를 비롯한 신체 냄새는 건강상태와 관련이 있는 경우가 많다. 유난히 냄새가 많이 난다면 건강에 이상이 있는 것은 아닌지 건강검진을 받아볼 필요가 있다.

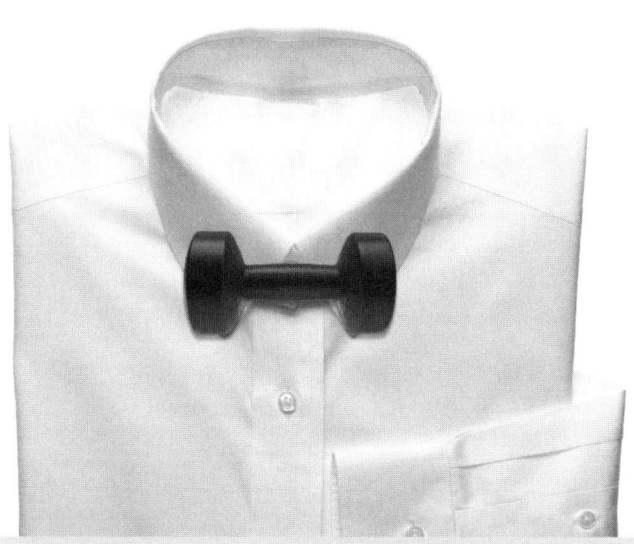

동료들의 눈총을 부르는
온갖 **몸 냄새**

유난히 땀이 많고 냄새가 나는 직장인들에게 여름은 그야말로 피하고 싶은 계절이다. 매일 아침 만원 버스나 지하철, 엘리베이터처럼 좁은 공간에서 몸을 둘 곳도 마땅치 않은데 냄새가 나면 주위의 따가운 눈총을 받을 수밖에 없다.

몸 냄새의 비밀은 땀샘에 있다. 땀샘은 지방산과 유기물질을 배출하는 아포크린샘과 순수하게 땀을 내는 에크린샘으로 나뉜다. 온몸 전체에 골고루 분포하는 에크린샘과 달리 아포크린샘은 사춘기에 발달하며 겨드랑이, 배꼽, 젖꼭지, 생식기 등에 분포한다.

땀 자체는 냄새가 나지 않고 색깔도 없다. 그런데 땀이 많이 나면 피부 각질이 분해되고 세균이 증식하면서 암모니아와 지방산 같은 부산물을 만들어내기 때문에 특유의 냄새가 나는 것이다.

땀 냄새가 나는 대표 부위라 할 수 있는 겨드랑이에서 나는 액
취증(암내) 역시 땀 성분 자체가 아니라 땀샘 때문에 발생하는 것
이다.

각 부위에서 나는 냄새의 원인

땀샘에서 분비되는 지질과 지방산이 증가하면 몸 냄새가 날 수
있다. 건강한 사람도 땀을 많이 흘린 채 시간이 흐르면 음식 쉰내

같은 퀴퀴한 냄새가 난다. 땀이 나지 않는 신체부위에서 냄새가 나거나 유난히 심한 냄새를 풍기는 신체부위는 몸속의 건강 상태를 알려주는 신호가 되기 때문에 관심을 기울인다.

몸 냄새가 나는 병으로는 당뇨병, 파킨슨병, 말단비대증, 간 장애 등을 들 수 있다. 예를 들어 심한 위궤양이나 호흡기계통 질환이 있으면 입에서 썩은 냄새가 나고, 간 기능에 문제가 있으면 암모니아 냄새가 난다. 콩팥에 문제가 있어 배설이 잘 되지 않으면 혈액과 침 속의 요소 농도가 늘어나 입에서 암모니아 냄새가 날 수 있다. 당뇨병이 있으면 트림을 할 때 입에서 새콤달콤한 과일냄새가 나거나 소변에서 달콤한 냄새 또는 아세톤 냄새가 난다.

감염질환이 있을 때도 몸은 특별한 냄새를 풍긴다. 장티푸스에 걸리면 갓 구워낸 빵 냄새가, 결핵성 림프선염에 걸리면 김빠진 맥주 냄새가 난다. 디프테리아에 걸리면 달콤한 냄새, 녹농균 감염증은 포도 냄새, 파상풍은 썩은 사과 냄새로 신호를 보낸다. 또 폐질환을 앓고 있을 때는 폐 속 출혈로 인해 숨 쉴 때마다 비린내가 난다.

이 때문에 입이나 몸에서 냄새가 난다고 무조건 감추고 숨기기보다는 근본적인 원인을 찾아 치료해야 한다.

냄새, 이렇게 없앤다

좋지 않은 냄새를 없애는 가장 기본적인 방법은 자주 씻는 것이다. 특히 겨드랑이와 배꼽, 귀 뒤, 생식기 주변 등은 비누를 사용해 더욱 꼼꼼하게 씻어야 한다. 씻은 후에는 그 부위를 충분히 건조시키고 통풍이 잘 되는 면 소재의 옷을 입는다.

평소 육식보다는 채소를 많이 먹는 것이 몸 냄새를 줄이는 데 도움이 된다.

대화 자체를 꺼리게 만드는 입 냄새

유난히 입 냄새가 많이 나는 사람이 있다. 정작 본인은 입 냄새가 나는지 모르다가 주변 사람들의 말을 듣고 알게 되는 경우가 대부분이다. 하지만 직장 내에서는 동료의 입 냄새를 지적하는 것 자체가 매우 조심스러운 일이다 보니 당사자는 문제 자체를 모른 채 지나가는 경우가 많다.

사실 입 냄새는 전체 성인의 절반이 겪고 있을 만큼 흔한 문제다. 단순히 담배 냄새, 음식 냄새부터 내장질환으로 인해 발생하는 문제까지 다양하다.

평소 가족이나 친한 친구들에게 먼저 자신의 입 냄새 여부를 물어보고 필요한 처치나 치료를 받는 것이 현명하다.

입 냄새를 만드는 문제들

입 냄새의 80~90퍼센트는 혓바닥에 끼는 치주질환, 충치, 염증 등 구강 내 문제가 있을 때 발생한다. 입 속 세균이 가스 형태의 황화합물을 만들면서 악취가 나는 것이다.

소화기 장애나 이비인후 장애가 원인이 되기도 한다. 식도와 위를 연결하는 하부식도괄약근이 느슨해져 발생하는 위식도 역류 때문에, 인후염이나 편도선염 또는 기관지염에 걸렸을 때뿐만 아니라 생리 중인 여성에게도 입 냄새가 난다.

오장육부의 이상을 나타내는 징후로도 해석된다. 입에서 계란 썩는 냄새가 난다면 간 이상을, 달콤한 냄새가 난다면 당뇨를, 암모니아 냄새가 난다면 심장 건강에 문제가 있는 것은 아닌지 의심해봐야 한다.

나이가 들면 침샘도 노화되어 침의 분비량이 줄어든다. 입안 세정기능을 하던 침이 부족하니 세균이 번식하면서 냄새가 난다. 입이 마를 때는 물을 자주 마시고 코밑 인중과 턱밑샘(아래턱의 아래쪽 가장자리가 만드는 턱밑 삼각부위)을 눌러 침샘을 자극하면 도움이 된다.

고질적인 입 냄새는 혀 뒷부분과 잇몸을 닦는 것만으로도 상당부분 줄일 수가 있는데 물을 자주 마시거나 사과나 당근을 많이 먹는 것도 도움이 된다.

입 냄새, 이렇게 없앤다

구강 문제로 입 냄새가 나면 입 속 원인부터 치료해야 한다. 별다른 질병이 없으면 양치질을 철저히 해 입안에 남아 있는 음식물 찌꺼기를 최대한 제거한다.

양치질을 할 때는 치아는 물론, 혀의 뒷부분과 잇몸까지 잘 닦고 혀도 쓸어낸다. 마친 뒤에는 치실로 치아 사이에 낀 음식 찌꺼기를 깔끔하게 제거하면 좋다.

아침에 일어났을 때 나는 입 냄새는 밤 사이 입안이 건조해서 생기는 것이기 때문에 물을 많이 마시면 줄어든다. 이밖에 마늘이나 파, 양파 등은 되도록 먹지 않는다.

고개를 돌리게 만드는
머리 냄새

머리에서 나는 향긋한 샴푸 냄새는 누가 맡아도 좋다. 그런데 자기도 모르는 사이에 머리에서 퀴퀴한 냄새가 난다면? 특히 하루 종일 같은 공간에서 일해야 하는 직장동료의 머리에서 냄새가 난다면 그 사람이 움직일 때마다 다른 사람들은 많이 힘들 것이다.

아무 생각 없이 머리를 긁적이거나 긴 머리를 찰랑찰랑 흔들어 대기 전에 혹시 자신의 머리에서 나는 냄새 때문에 직장 동료들이 피해를 받는지 점검할 필요가 있다.

머리 냄새의 원인과 해법

머리 냄새는 두피에서 나는 땀이 먼지와 섞여 산화반응을 일으킬 때 발생한다. 자연히 머리에 땀이 많은 사람에게서 좋지 않은 냄새가 더 날 수밖에 없다. 특히 분비된 피지에 땀과 곰팡이균이 섞이면 옆 사람의 고개를 저절로 돌릴 만큼 고약한 냄새가 난다. 간혹 지루성 피부염이 있는 경우에도 냄새가 날 수 있다.

두피 냄새는 과다한 비듬을 효과적으로 감소시키는 특별한 화학 성분이나 약품 성분이 포함되어 있는 약용 샴푸로 머리를 감으면 효과적으로 제거할 수 있다.

두피 스케일링으로 모공을 깨끗하게

집에서는 머리를 자주 감는 것이 머리 냄새를 없애는 가장 좋은 방법이다. 건조한 모발이라면 주 3~4회 정도, 기름기가 많은 머리라면 매일 감아 모공과 두피에 쌓인 각질을 제거해줘야 한다.

머리를 매일 감는데도 냄새가 가시지 않는다면 지성두피 전용 샴푸를 사용한다. 샴푸를 하기 전에 두피 스케일링을 해주면 모공 주변에 들러붙어 있는 피지와 노폐물을 효과적으로 없앨 수 있다. 두피 스케일링은 미용실이나 피부 관리 전문점에서 주로 하지만 시중에 나와 있는 두피 스케일링 전용 팩을 사용하면 집에서도 쉽게 할 수 있다.

절대 곁을 내줄 수 없는
겨드랑이 냄새

땀샘에서 나온 땀은 1시간 내에 박테리아에 의해 분해되고 부패하면서 악취를 풍긴다. 그런데 그 냄새가 일반적인 수준을 넘어서는 경우가 종종 있다. 흔히 '암내'라 불리는 겨드랑이 액취증이 있는 사람과 자동차처럼 밀폐된 공간에 함께 있으면 호흡이 곤란할 정도로 역겨움을 느낄 수도 있다.

80퍼센트는 유전적 경향으로 발생

겨드랑이 땀에서 심한 냄새가 나는 액취증은 유전적인 경향이 강하다. 부모 중 한 명이 액취증을 갖고 있다면 자녀에게서 액취증이 나타날 가능성이 50퍼센트나 된다. 부모 모두 액취증을 갖고 있

176

다면 그 가능성은 80퍼센트까지 높아진다.

액취증이 심한 연령대는 생리기능이 활발한 20~40대로, 나이가 들면서 점차 옅어진다. 계절적으로는 땀을 많이 흘리는 여름에 증상이 심해진다.

겨드랑이 냄새, 이렇게 없앤다

가벼운 액취증은 자주 샤워를 하고 약용 비누, 향료 등으로도 어느 정도 벗어날 수 있다. 하루에 두 번 정도 비누를 사용해서 샤워를 하고 파우더를 뿌려 건조한 상태를 유지해주면 도움이 된다. 겨드랑이 털을 제거하고 통풍이 잘 되는 옷을 입으면 냄새를 상당 부분 줄일 수 있다. 외출할 때 물티슈를 챙겨 겨드랑이에 땀이 찰 때 수시로 닦아주는 것도 한 방법이다.

신경이 쓰일 정도로 심한 경우에는 발한억제제를 사용해 땀 분비를 억제하거나 아포크린샘을 제거하는 수술을 받는다. 수술은 겨드랑이 부위에 분포하고 있는 땀샘을 제거하는 외과적 방법이 일반적이며, 요즘은 레이저나 초음파를 이용한 수술도 있다.

수술 방법에 따라 재발 빈도나 수술 흉터 정도가 다르므로 전문의의 설명을 충분히 듣고 자신에게 맞는 방법을 선택한다.

아무리 친해도 아는 척하기 힘든
샅 냄새

샅은 생식기에서 항문에 이르는 부위를 가리키는 말로, 일반적으로 양쪽 넓적다리 사이의 살이 맞댄 부위 전반을 일컫는다. 이처럼 신체부위가 겹치는 곳은 움직일 때 생기는 마찰에 의해 열이 발생하면서 땀이 쉽게 찬다.

남성의 샅은 양쪽 허벅지, 음낭, 음경 등이 몰려 있어 다른 부위에 비해 체온이 높다. 땀이 나도 건조가 어려워 여름철이나 야외활동이 많은 때는 하루 종일 축축해서 습진이 생기는 일도 잦다.

샅 냄새의 주범은 샅 습진

샅 냄새의 주범인 샅 습진은 생식기 주변이 가렵고 벌겋게 붓는 증상으로 피부색이 검게 변하거나 악취를 유발한다. 하루 종일 의자에 앉아 있는 직장인들에게서 많이 나타나는데 땀이 차면서 곰팡이나 세균이 번식하기 쉬운 환경이 만들어지기 때문이다.

샅 습진을 예방하기 위해서는 그 부위를 청결하게 하고 통풍이 잘 되는 옷을 입는다. 특히 양쪽 허벅지가 맞닿는 부위가 시원하게 건조되도록 땀 흡수가 잘 되는 속옷을 입고 의자에 앉을 때도 양쪽 다리를 적절히 벌려 통풍이 되도록 신경 쓴다.

샅 습진을 치료하면 샅 냄새 대부분은 자연스럽게 사라진다. 샅 습진 치료의 기본은 습진이 발생한 부위를 건조하게 유지하며 마찰을 최소화하는 것이다. 전문의의 처방에 따라 내복약과 항진균제 등 바르는 약을 적절히 사용한다. 급성 염증이나 증상 악화로 2차 감염이 발생했다면 항생제를 복용할 수도 있다.

샅 습진은 4~6주 이내에 완치되지만 장기간의 치료에도 증상이 나아지지 않는다면 조직검사를 통해 다른 원인이 있는지 살펴봐야 한다. 샅 습진을 치료한 뒤에도 냄새가 계속되거나 습진이 없는데도 생식기 주변에서 냄새가 난다면 생식기 자체의 냄새가 아닌지 검진할 필요가 있다.

생식기 냄새

생식기 역시 특유의 냄새를 풍긴다. 특히 남성보다는 여성에게서 많이 나타나는데 생리주기에 따른 질 분비물의 냄새가 영향을 많이 미친다.

건강할 때 여성의 질 분비물은 투명하거나 백색을 띠며 별다른 냄새가 나지 않는다. 생리 직전에는 흰색의 덩어리 형태의 분비물이, 배란기에는 투명하고 점성이 강한 분비물이 분비된다. 그런데 질염이나 성병 등의 질환이 있으면 질 분비물의 양이 많아지면서 색깔이나 냄새도 다양해진다.

악취를 풍기는 질 분비물과 함께 가려움증이 있다면 산부인과 검진을 받는 것이 좋다. 여성 생식기의 감염은 자궁과 나팔관으로 번져 자궁경부염이나 골반염으로 진행될 수 있기 때문에 결코 가벼이 보고 넘겨서는 안 된다.

몸에 꼭 끼는 옷을 입으면 통풍이 잘 되지 않아서 질 건강에 악영향을 미칠 수 있으므로 면 소재 속옷을 준비해 자주 갈아입고 청결관리에 항상 신경을 쓴다. 여성 전용 세정제를 사용하면 냄새를 줄이는 효과가 있으나 지나치게 자주 사용하면 오히려 질 내 정상균이 파괴되면서 질염이 발생할 수 있으므로 주 2회 정도 사용하는 것이 적당하다.

순식간에 이미지를 확 망치는
발 냄새

발 냄새의 원인이 땀이라고 생각하지만 발에서 나는 땀 자체는 냄새가 없다. 발 냄새를 만드는 진짜 원인은 에크린샘에서 나온 땀이 세균에 의해 분해되면서 생기는 이소발레릭산이라는 악취성 지방산이다.

직장인은 하루 종일 신발을 신고 있는 경우가 많아 발에 습기가 차고 통풍이 어려워 세균이 번식하기 쉬운 환경이 만들어지는 관계로 더욱 역겨운 냄새가 난다.

발에 무좀이 있으면 곰팡이균이 증식하면서 생기는 냄새가 발 냄새를 가중할 수 있다. 땀이 무좀의 증식을 부추기기 때문에 무좀이 있다면 발을 깨끗하게 씻고 항상 보송보송한 상태를 유지해야 한다.

생활 속에서 발 냄새 없애는 법

발도 청결을 기본으로 해야 냄새가 나지 않는다. 항균제가 함유된 비누로 발가락 사이사이를 아침저녁으로 깨끗하게 씻고 완전히 건조시킨 뒤 발 전체에 파우더를 뿌려주면 발 냄새 예방에 도움이 된다.

반드시 면 소재로 된 양말을 신고 땀이 많이 나는 사람은 여벌의 양말을 준비해서 회사에서도 갈아 신는 것이 좋다. 양말을 세탁할 때는 항균제가 들어 있는 세제를 사용하면 효과적이다.

신발은 두세 켤레를 준비해 날마다 바꿔 신는 것이 좋다. 발에 땀이 차서 신발이 젖으면 냄새와 무좀, 습진의 원인이 되기 때문이다. 퇴근해서 집에 돌아온 뒤에는 신발에 신발 전용 탈취 스프레이를 뿌린 뒤 통풍이 잘 되는 곳에 보관한다. 신발에 탈취 효과가 있는 10원짜리 동전이나 신문지를 넣어두면 냄새 제거에 도움이 된다.

유난히 발 냄새가 많이 난다면 소금물을 이용해 발을 깨끗하게 씻은 뒤에 족욕을 한다. 이때는 따뜻한 물에 레몬 조각을 띄우고 5분 정도 발을 담그면 냄새 제거 효과가 있고, 녹차를 진하게 우린 물에 10분 정도 발을 담그면 탈취에다 무좀 예방 효과까지 기대할 수 있다. 녹차 우린 물에 식초를 한두 방울 떨어뜨리는 것도 도움이 된다. 이밖에 발 전용 탈취 스프레이를 갖고 다니며 수시로 뿌려주는 것도 좋다.

발 냄새에 대한 의학적 치료

발 관리를 잘했는데도 발 냄새가 계속 난다면 발바닥 각질층에
진균 혹은 세균이 번진 것은 아닌지 의심해보고 족부 클리닉이나
피부과 등에서 치료해야 한다.

긴장, 스트레스, 불안, 운동 등은 발에 땀이 나게 만드는 주요 요
인이다. 운동을 하지 않았는데 땀이 많이 난다면 신경계통 질환의
가능성이 있으니 병원에서 전문적인 검사를 받는다.

말 못할 고민,
항문질환

의자에 앉아 있는 시간이 긴 직장인들은 치핵, 치열, 치루 등 다양한 항문질환의 위협을 받고 있다. 이 질병들은 고통과 불편을 야기하지만 부위의 특성상 드러내놓고 얘기하기도 어렵고 수술이나 치료를 받을 때도 공개하지 못하는 경우가 많다. 특히 여성 직장인들은 병원에 가는 일조차 꺼리는 바람에 병이 더욱 악화되는 일이 많다.

국민 2명 중
1명이 **치질**

치질은 치핵, 치루, 치열 등 항문에 생기는 모든 질환을 총칭하는 말이다. 대체로 가장 많이 발생하는 치핵이 치질로 널리 알려져 있다. 다소 민망한 부위에 발병하기 때문에 드러내놓고 증상을 호소하기는 힘들지만 통계에 의하면 치질은 우리나라 국민 2명 중 1명에게서 발병할 만큼 흔한 질환이다.

두 번째로 많이 받는 수술

2011년 12월 국민건강보험공단이 발표한 '2010 주요수술통계'에 따르면 치핵 수술은 25만 1,828건으로, 두 번째로 많이 받은 수술이다. 40대와 50대에 치질 수술이 가장 많았고 20~30대에도 제왕절개 수술 다음으로 치질 수술이 많았다. 겉으로 쉬쉬하지만 성인 대다수가 고통 받고 있을 만큼 흔한 질환인 것이다.

치질은 항문 밖으로 근육이나 혈관 덩어리가 빠져나오는 치핵, 항문이 찢어져 생기는 치열, 항문 주위가 곪아 구멍이 생기면서 고름이나 대변이 밖으로 새는 치루 등으로 구분된다. 전체 항문질환 가운데 치핵이 70퍼센트 이상을 차지할 만큼 많다.

혈변을 보거나 항문 밖으로 피부 또는 혈액 덩어리가 만져진다면 항문외과 검진을 받는 것이 좋다. 항문 부위가 가렵거나 통증이 있어도 검진을 받아본다.

치질을 예방하는 직장인 건강습관

의자에 앉아서 보내는 시간이 많은 사무직 직장인들 대부분이 치질에 노출되기 쉽다. 바쁜 일정과 스트레스 때문에 화장실에 가는 시간이 불규칙하고 화장실에 앉아서도 변을 차분히 보지 못해 변비를 비롯한 대장 건강에 이상이 생기는 경우가 많다. 일단 변비에 걸리면 딱딱한 변을 자주 보게 되어 항문 외상이 생기기 쉽고 항문질환도 생길 가능성이 높아지므로 치질과 관련해서 변비를 먼저 예방하는 것이 가장 중요하다. 잘못된 습관을 바꾸면 어느 정도 예방이 가능하다.

첫 번째, 대변 보는 습관을 바꿔야 한다. 변의가 느껴질 때는 참지 말고 바로 화장실에 간다. 배변할 때는 항문 쪽에 무리하게 힘을 주어서는 안 되며 5분 이상 변기에 앉아 있지 않도록 한다.

두 번째, 식생활을 조절해야 한다. 물을 자주 마시지 않고 육류를 즐기는 식습관을 갖고 있다면 변비나 치질 등에 걸릴 수밖에 없다. 변비를 예방하려면 하루 2리터 정도의 물을 마시면서 김, 다시마 등의 해조류와 채소나 과일을 많이 먹는다.

세 번째, 운동 부족이 되지 않도록 주의한다. 활동량이 적은 직장인들은 장 운동이 충분히 되지 않아서 치질에 쉽게 노출된다. 평소 운동량이 현저히 부족하고 운동할 시간을 낼 수 없다면 쉬는 날이나 점심시간 등을 이용해 근처 공원을 산책하거나 가볍게 조깅을 하면 도움이 된다. 이마저도 어렵다면 퇴근길에 버스나 지하철을 한두 정거장 미리 내려 집까지 걸어가는 것도 좋다. 근무 중에도 한 시간에 한 번 정도 자리에서 일어나 가볍게 스트레칭을 하는 등 수시로 자세를 바꿔준다.

수술이 필요한 항문질환

대변을 볼 때 통증을 느끼거나 대변이나 화장지에 피가 약간 묻어나오는 것은 흔히 있는 일이다. 변비가 있다면 종종 있는 일이다. 배변 시 경미한 통증이 있거나 작은 상처가 생겨 피가 약간 묻어 나오는 수준이라면 상처가 깊지 않은 상태이므로 좌욕 등을 열심히 하면 호전된다. 하지만 상처가 잘 아물지 않은 상태에서 항문이 찢어지고 아물기를 반복하면 상처가 점점 깊어져 궤양으로 악화될 수 있다. 이런 경우에는 꼭 수술을 해야 한다.

여성들은 임신과 출산 과정에서 치핵이 생기는 경우가 많다. 임신 중에는 복강 내 압력이 높아지고 호르몬 변화에 의해 쉽게 변비가 생기기 때문에 항문이 받는 압박이 커져서 피부조직이나 혈관덩어리가 밀려나올 가능성이 높아진다. 심각하지 않다면 출산 후 몸이 회복되면서 증상이 호전되지만 시간이 흐른 뒤에도 개선되지 않는다면 치핵절제술을 받아야 한다.

치루는 대변을 분비할 때 항문에 닿는 부담을 줄여주기 위해 윤활제를 분비하는 항문샘에 염증이 생기는 질환으로 항문질환의 20퍼센트를 차지하고 있을 만큼 많다. 가벼운 염증은 생겼다 없어지기를 반복하지만 치료가 까다롭고 재발 가능성이 높기 때문에 발병 초기에 완벽하게 치료해야 한다. 항문 옆에 뽀루지가 생겨서 고름이나 진물이 나온다면 지체하지 말고 병원을 방문하는 것이 좋다.

항문질환,
걸리기 전에 예방하자

식이섬유 섭취를 늘려 변비를 예방하고 배변 후 좌욕으로 항문 주변을 청결하게 관리하면 항문질환 예방에 큰 도움이 된다. 하루 종일 같은 자세로 앉거나 서서 일하는 직장인들은 휴식과 자세 변경을 통해 몸에 무리가 되지 않도록 하는 것이 중요하다.

식이섬유와 수분 섭취 늘려 배변을 부드럽게

변의가 느껴지면 참지 말고 즉시 변을 보도록 한다. 배변할 때 힘을 지나치게 주지 않고 단시간에 부드럽게 배변하는 습관을 들인다. 힘을 강하게 주면 항문 주위에 울혈이 생겨 항문질환의 원인이 될 수 있다. 배변을 마친 뒤에는 화장지로 가볍게 닦고 물로 씻

191

어내는 것이 좋다.

평소 식이섬유와 수분 섭취를 늘려주면 대변을 부드럽게 하는 효과가 있고 술과 자극성이 강한 음식은 피한다. 미역, 김, 다시마, 고구마 등 섬유질이 풍부한 식사를 하고 물은 하루에 적어도 1리터 이상은 마시도록 한다.

아침식사를 하고 20~30분이 지난 뒤 변의가 없더라도 화장실에 가는 습관을 들이면 변비를 예방하고 규칙적인 배변습관을 만드는 데 도움이 된다.

온수 좌욕으로 항문 주변 혈액순환 강화

항문은 대변 내 세균에 의해 감염이 쉽기 때문에 항상 청결하게 유지해야 한다. 규칙적으로 온수 좌욕을 하면 항문질환을 예방할 수 있다. 배변을 하고 난 직후와 잠자리에 들기 전에 좌욕을 하면 항문건강을 유지하는 데 효과적이다. 좌욕은 약간 따끈한 정도의 물에 하루 1~2회, 약 3분 항문을 담그면 된다. 변기에 좌욕대야를 걸쳐놓고 하면 편리하다.

좌욕은 항문 주변의 혈액순환을 좋게 하고 괄약근을 이완해 주기 때문에 변비가 있는 사람은 배변 직전에 좌욕을 하면 배변을 부드럽게 하는 데 도움이 된다. 좌욕 후에는 반드시 항문 주위를 완전히 건조시켜야 한다.

직장인을 위한 생활습관 가이드

 치질 중 가장 많은 비중을 차지하는 치핵은 한 곳에 장시간 앉아 있는 사람들에게 많이 발견된다. 하루 종일 의자에 앉아서 일을 보는 직장인이라면 자세를 자주 바꿔 항문 주변의 혈액순환을 돕는 것이 좋다. 차가운 곳에 오랫동안 앉아 있어도 좋지 않기 때문에 화단이나 대리석 벤치 등에 앉지 않아야 한다.

 화장실에 책이나 신문 등을 가져가지 말자. 볼거리가 있으면 변기에 앉아 있는 시간이 길어지므로 항문 건강에 좋지 않다. 대변을

볼 때 상체를 앞으로 살짝 숙이고 양손으로 아랫배를 눌러주면 배변에 도움이 된다.

요즘은 집이나 회사에 비데를 설치하는 경우가 많다. 그래서 비데를 많이 사용하게 되는데 물줄기를 세게 하거나 오래 씻으면 오히려 항문에 상처가 생기니 대변을 제거하고 항문을 씻는 정도로만 사용한다. 만일 항문질환이 있다면 비데의 물줄기가 환부를 자극할 수 있으니 온수좌욕이 낫다.

평소 술과 담배를 금하고 운동을 해주면 좋은데 달리기, 수영 등 유산소 운동이 장운동을 촉진해 각종 항문질환을 예방하는 데 도움이 된다.

성인병의 시작,
비만과 혈압

성인병은 40세 이상의 고령층에서 흔히 발병하는 질병을 총칭하는 것으로 고혈압, 동맥경화증, 고지혈증, 협심증, 심근경색증 등의 심혈관계 질환을 비롯해 당뇨병, 비만, 뇌졸중, 만성폐쇄성폐질환, 알코올성 간질환, 퇴행성 관절염, 악성 종양 등이 해당된다.

최근에는 직장인이라면 누구나 갖는 잦은 외식과 음주, 스트레스 등의 영향으로 발병연령이 점점 낮아지고 있다. 자기도 모르는 사이에 지방과 염분, 당분 등을 다량 섭취하면서 점점 비만해지고 혈관 벽이 두꺼워지는 등 인체 전반의 순환이 나빠지는 것이다.

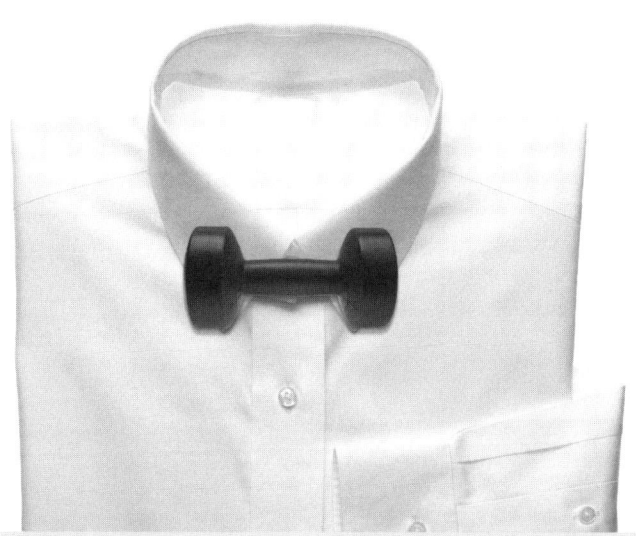

Health Revolution
직장인들이
살찌는 이유

30~40대 직장인의 비만이 위험수위에 다다랐다. 보건복지부의 조사에 따르면 2010년 19세 이상 성인의 비만율은 36.6퍼센트이다. 특히 30대와 40대가 각각 42.3퍼센트, 41.2퍼센트로 가장 높게 나타났다.

의료계는 30세 이상의 비만 성인은 정상체중의 성인에 비해 고혈압은 2.5배, 당뇨병은 2배, 콜레스테롤 대사장애나 콜레스테롤 과잉섭취로 인해 혈청 중의 콜레스테롤 수치가 높아진 고콜레스테롤혈증은 2.3배, 몸에 이로운 콜레스테롤인 HDL콜레스테롤이 낮아 문제가 되는 저HDL 콜레스테롤혈증은 2.2배, 혈중에 중성지방이 증가된 고중성지방혈증은 2.4배 정도 발생 가능성이 높은 것으로 보고 있다.

197

비만의 원인은 간단하다. 많이 먹고 적게 움직인 탓에 체내에 칼로리가 쌓여 발생하는 것이다. 직장인은 여기에 야식과 폭음, 과도한 업무에 따른 스트레스, 상대적으로 적은 수면시간, 음주, 흡연 등의 악영향을 받는다.

올빼미족 생활이 지속되면 비만이 유발된다

생활패턴 때문에 혹은 체질적으로 밤에 잠을 못 자는 올빼미족은 그렇지 않은 사람들에 비해 상대적으로 잠이 부족하다.

시카고 대학 연구팀의 최근 연구에 따르면 올빼미족들은 식욕을 억제하지 못해 체중조절에 실패하기 쉽다고 한다. 잠이 부족할 때 몸은 렙틴이라는 식욕 억제 호르몬 대신 그렐린이라는 식욕 증진 호르몬을 분비한다. 잠이 부족할수록 허기를 쉽게 느끼면서 음식 섭취가 늘어난다는 말이다. 게다가 저녁식사 이후 공복시간이 길어지면 자연스레 음식을 찾게 되어 비만과 당뇨에 노출될 가능성이 높아진다.

이 같은 생활패턴이 수년간 반복되어 왔다면 생체리듬이 고착화되어 생활습관을 바꾸는 일이 어렵지만 작은 실천부터 꾸준히 해야 한다. 정오가 지나면 카페인 섭취를 삼가고 음식과 멀어지려고 노력해야 한다. 퇴근 후에는 전등이나 텔레비전 같은 전자제품의 빛과 소리를 낮춰 최대한 잠을 잘 수 있는 분위기를 만든다.

직장 내 스트레스가 그대로 살이 된다

직장인들에게 스트레스는 떼려야 뗄 수 없는 불가분의 관계다. 그런데 이 스트레스는 우리 뇌를 자극해 스트레스 호르몬인 아드레날린과 코르티솔을 과도하게 분비시킨다.

아드레날린은 부신수질에서 분비되는 교감신경 흥분물질로, 분비량이 많아지면 혈당과 혈압 그리고 심장 박동도 높아진다. 그래서 스트레스가 지속적으로 반복되면 호르몬 불균형으로 인해 면역력이 약해져 각종 질병에 노출될 가능성이 높아진다.

더 큰 문제는 코르티솔이다. 코르티솔은 탄수화물에 대한 식욕을 강화해 인슐린을 과도하게 분비하도록 해 필요 이상의 칼로리를 지방세포 속으로 밀어 넣는다. 결국 체내에 지방을 축적시켜 당뇨와 심장병, 뇌졸중 등의 질병을 불러들인다. 특히 식욕을 높여 비만을 부르기 쉽다. 만성적으로 스트레스에 시달리는 직장인들 중에는 음식에서 에너지와 위안을 동시에 얻는 것이 습관이 되어 과식과 비만의 체질로 된 사람이 많다.

과도하게 분비된 코르티솔을 없애는 데는 땀이 날 정도로 운동을 하면 좋다. 하지만 시간에 쫓기는 직장인들은 시간을 따로 내서 운동하는 것이 거의 불가능하다. 출퇴근 때나 점심시간에 걷는 시간을 늘리거나 엘리베이터 대신 계단을 이용하는 방법처럼 직장생활 속에서 움직이는 방법을 찾는 것이 현명한 선택이라고 볼 수 있다.

식사할 때는 음식에만 집중한다

직장 동료들과 함께 식사를 하다 보면 회사 얘기, 일 얘기에 열을 올리느라 정작 밥 먹는 데는 집중하지 못한다. 또 식당의 텔레비전에 뉴스나 스포츠 중계가 나오면 보는 데 정신이 팔려 밥을 먹는 둥 마는 둥 하기도 한다. 그런데 습관적으로 텔레비전이나 컴퓨터를 보면서 또는 누군가와 이야기를 하면서 음식을 먹다 보면 생각보다 훨씬 많은 양을 먹게 된다. 자신이 얼마나 먹고 있는지 뇌가 인지하지 못하기 때문이다.

식사량을 조절하기 위해서는 먹는 동안만큼은 그 음식에만 정신을 쏟는 것이 좋다. 식사 중간에 한 입 먹고 수저를 내려놓을 때마다 얼마나 배가 부른지 체크해도 좋다. 그것이 어렵다면 자신이 하루 동안 먹는 모든 음식(간식 포함)을 기록하는 것도 방법이다. 이렇게 하면 평소보다 훨씬 적은 양을 먹게 되는 효과가 있다.

업무 중에 간식을 먹는 것은 비만을 야기하는 원인이 된다. 식사는 평소와 똑같이 해도 간식을 끊으면 살이 빠지기도 한다. 무엇보다 간식 대부분이 밀가루로 만들어진 것이기 때문에 절대 금해야 한다. 식사 후 바로 양치를 하면 간식 생각을 줄이는 데 도움이 된다.

비만을 물리치는 직장인의 자세

식품의약품안전청은 음식을 골고루 먹는 것만으로도 복부비만

201

을 40퍼센트 이상 줄일 수 있다는 연구결과를 최근 내놓았다. 국내에 거주하는 성인 6,600명을 대상으로 2001년부터 8년간 추적 조사한 결과다. 음식을 골고루 먹으면 당뇨와 고혈압 등 성인병의 원인인 대사증후군의 위험성이 23퍼센트나 낮아지는 것으로 나타났다.

비만인 사람들은 뱃살이 폐를 압박해 조금만 움직여도 숨이 차다. 그래서 움직이는 것을 더욱 피하게 되면서 뱃살은 더 늘어나는 악순환이 반복된다.

체중감량을 계획할 때는 처음부터 식사량을 급격히 줄이거나 격렬한 운동을 하지 말고 먼저 사무실에서 짬짬이 스트레칭을 하거나 점심시간에 회사 주변을 가볍게 산책하는 습관을 들여 몸이 운동에 적응하게 만들어야 한다. 몸이 어느 정도 가벼워지고 운동을 하면 기분이 상쾌해진다는 것을 몸으로 느낀 뒤에 본격적으로 자신에 맞는 운동 계획을 세워 실천에 옮기는 순서가 효과적이다.

Health Revolution

만성질환 부르는
대사증후군

당뇨병이나 심혈관질환처럼 성인병의 발생 위험을 높이는 대사증후군은 언제 터질지 모르는 시한폭탄이 되어 직장인들의 건강을 위협하고 있다. 그러나 골고루 먹는 식생활 습관과 규칙적인 운동만으로도 대사증후군은 어렵지 않게 이겨낼 수 있다.

40세 이후엔 성인병 부르는 대사증후군 주의

대사증후군은 한마디로 고위험 만성질환에 노출된 예비 환자군이 가진 증상의 총합체다. 비만, 고혈압, 고혈당, 고중성지방혈증, 저HDL콜레스테롤혈증 등의 질환 중 3가지 이상이 해당되면 대사증후군 진단을 받는다.

대사증후군은 나이가 들수록 더 많이 나타난다. 체력이 저하되고 운동량이 감소하면서 지방세포가 늘고 복부비만도 증가하기 때문이다. 대사증후군 빈도는 40~50대부터 높아지는데, 65세 이상 장년층 인구의 60퍼센트 이상에서 대사증후군이 나타나는 것으로 집계되고 있다.

탄수화물 과다 섭취가 비만으로 이어진다

고단백 고칼로리의 서구식 식생활은 경계하면서도 탄수화물을 많이 섭취하는 식생활의 문제점에 대해서는 자각하지 못하는 경우가 많다. 우리나라는 밥이 주식이다 보니 탄수화물 섭취량이 과도해서 비만이 된 사례가 많다. 탄수화물을 많이 섭취하면 높아진 칼로리가 소모되지 못한 채 중성지방 형태로 몸속에 쌓이게 되어 복부비만을 초래한다.

같은 자세로 오랜 시간 책상 앞에서 업무를 보는 직장인들에게 탄수화물의 폐해는 심각하다. 탄수화물을 다량 섭취하고 의자에 오래 앉아 있으면 골반을 중심으로 한 하복부와 허벅지의 겹쳐지는 부위의 혈액순환에 문제가 생길 수 있다. 중년의 사무직 직장인들이 배와 허벅지를 중심으로 불룩하게 살이 붙은 달걀 모양의 체형을 갖는 것도 이런 요인이 상당 부분 영향을 미친다. 다리와 복부에 지방이 침착해 피하에 울퉁불퉁한 지방이 쌓이거나 옆구리

살까지 붙으면 체중감량이 점점 어려워지고 결국 급속도로 비만이 진행된다.

뱃살 잡는 데는 역시 유산소 운동이 최고

비만인 사람이 아니더라도 현대인들은 늘 뱃살에 민감하다. 비교적 날씬하거나 심지어 마른 사람들 중에도 배 부분만 볼록한 경우가 많다. 뱃살은 외모뿐만 아니라 건강에도 좋지 않다. 마른 사람이 배만 볼록할 경우 내장지방이 쌓여 있을 가능성이 높다.

뱃살을 잡는 데는 몸 전체 근육을 사용하는 유산소 운동만 한 것이 없다. 빨리 걷기, 달리기, 자전거 타기, 줄넘기 등이 뱃살을 잡는 데 좋은 유산소 운동이다.

운동의 강도도 중요한데 40세의 경우 1분에 맥박 126회를 유지할 정도의 운동이 적당하다. 고혈압이나 심장질환 등 심혈관계 질환을 가진 사람들은 반드시 의사와 상담을 한 뒤에 운동의 종목과 횟수, 강도 등을 선택하는 것이 안전하다.

50대 이상이라면 몸에 무리가 가지 않는 운동을 선택해야 한다. 당뇨병 환자는 운동 도중에 저혈당을 막기 위해 초콜릿 등을 준비하고 수분을 적절히 보충해줘야 탈수를 막을 수 있다. 고혈압이 있다면 운동을 마친 뒤 사우나에서 냉탕과 온탕을 오가는 행동은 금한다.

'소리 없는 저승사자'
고혈압

혈압은 혈액이 혈관 벽에 가하는 압력을 말하는데, 심장이 수축할 때의 압력인 수축기 혈압(최고혈압)과 심장이 확장(이완)할 때의 이완기 혈압(최저혈압)으로 구분된다.

정상 혈압은 세계보건기구(WHO) 기준으로 말하자면 수축기 120~140mmHg, 이완기 80~90mmHg 사이다. 18세 이상 성인의 경우 수축기 혈압이 140mmHg 이상이거나 이완기 혈압이 90mmHg 이상인 경우를 '고혈압'이라 한다.

우리나라는 고혈압 환자의 수가 현재 600만 명에 달한다. 특히 한창 일해야 하는 중·장년층이 고혈압에 무방비로 노출되고 있다. 국민건강보험공단에 따르면 인구 1만 명당 40~60대 고혈압 환자가 6,905명으로, 전체 고혈압 환자의 68.8퍼센트에 달한다.

건강검진기관인 한국의학연구소(KMI)에 따르면 2008년에 건강검진을 받은 20대 이상 직장인 15만 7,822명을 대상으로 조사한 결과 고혈압, 고지혈증, 비만 등의 생활습관병 의심자가 대부분 30~40대였다. 이 가운데 고혈압 질환 의심자는 전체 직장인의 4.1퍼센트로 40대가 전체의 36.7퍼센트, 30대는 29.5퍼센트였다.

고혈압은 원인 질환으로 나타나는 속발성 고혈압(이차성 고혈압)과 특별한 질환 없이 나타나는 본태성 고혈압(일차성 고혈압)으로 크게 분류한다. 고혈압 환자의 95퍼센트가 본태성 고혈압인데 근본적인 원인은 명확하지 않다. 다만 심박출량(심장에서 1분 동안 박출하는 혈액의 양)의 증가나 말초혈관 저항의 증가(말초 순환 시 세동맥, 모세관, 세정맥에 의해 생기는 종합적인 혈관의 저항)에 따른 것으로 여겨진다. 주로 가족력이나 음주, 흡연, 고령, 운동 부족, 짜게 먹는 식습관이나 스트레스, 비만 등으로 발병하는 경우가 많다.

자신이 고혈압인지조차 모른다

20~30대 직장인들을 중심으로 고혈압 환자가 급증하고 있다. 초기 고혈압의 경우 상당히 진행되기 전까지 증상이 뚜렷하게 나타나지 않아 환자의 절반 정도는 자신이 고혈압인지조차 잘 알지 못한다고 한다. 알고 있어도 환자의 절반 정도는 제대로 치료를 받지 않고 있어 문제가 더욱 심각하다.

고혈압이 진행되면 현기증을 동반한 두통, 팔다리 저림, 피로감과 출혈이 나타나고 뒷목이 뻐근해지면서 신경이 예민해지는 느낌을 받는다. 더 심해지면 뇌졸중과 망막증, 동맥경화, 신부전증, 심장병 등의 합병증이 발생한다. '침묵의 살인자'라고도 불리는 고혈압이 무서운 이유는 뇌졸중이나 심장질환 등 치명적인 질환의 발생 가능성을 높이는 주요 원인으로 작용하기 때문이다.

직장인들이 고혈압에 걸릴 수밖에 없는 이유

거의 날마다 한 끼 이상 외식을 하는 직장인들에게 고혈압은 어쩌면 당연한 결과일지도 모른다. 특별히 음식을 가려먹지 않는 이상 외식은 지방과 염분의 과다 섭취로 이어지기 때문이다. 한국인의 나트륨 과다 섭취는 세계적으로도 유명하지만, 특히 외식이 잦은 직장인들은 과다한 염분에 노출될 수밖에 없다.

짠맛에 길들여진 직장인들이 고혈압에 잘 걸리는 이유는 무엇일까? 혈액 속에 나트륨이 증가하면 혈관 근육이 수축하고 혈액 통로가 좁아져 혈압을 높이기 때문이다. 또한 짠 것을 먹으면 물을 많이 마시게 되면서 수분 섭취량이 증가하고 혈액량도 늘어 심장이 혈액을 방출할 때 더 많은 힘을 필요로 한다. 이로 인해 고혈압이 발생하는 것이다.

따라서 고혈압을 피하기 위해서는 의식적으로 짠 음식을 멀리해야 한다. 국이나 찌개류 등 염분을 과다 섭취할 만한 메뉴를 피하는 것도 방법이다.

고혈압의 치료와 예방

현재까지 나온 고혈압 치료법 가운데 가장 효과적인 것은 약물요법이다. 고혈압 약은 장기간 복용해야 하므로 환자의 심장, 신장, 뇌의 상태를 따져 신중하게 선택해야 한다. 건강상태에 따라 혈압이 달라질 수 있기 때문에 정기적으로 혈압을 측정하고 주치의와 상의 후 약 복용량 등을 조정한다.

약물요법의 경우, 초기 고혈압에서는 단일제를 주로 썼지만 최근에는 작용기전이 다른 약제를 함께 사용하거나 두 가지 이상 성분의 약제를 합쳐 하나로 만드는 약제를 사용하는 추세다.

한번 발병한 고혈압을 완전히 몰아내는 것은 매우 어렵다. 고혈압의 진행을 막기 위해서는 충분한 수면과 적당한 운동, 금연 등이 우선 선행되어야 한다. 식이요법에도 만전을 기해야 하는데, 폭음과 폭식을 피하고 염분량과 식사량을 철저히 조절하며 야채를 많이 먹는다.

큰 소리를 내서 즐겁게 웃는 것도 고혈압을 물리치는 좋은 습관이 될 수 있다. 주변을 둘러보면 얼굴 찌푸린 채 생활하는 사람 중에 몸이 아프지 않은 사람은 드물다. 스트레스로 인해 분비되는 호르몬이 인체에 끼치는 영향은 생각보다 커서 고혈압뿐만 아니라 비만, 당뇨, 암의 원인이 되기도 한다.

몸에는 교감신경과 부교감신경 등 두 가지 자율신경이 있다. 놀람과 불안, 초조, 짜증 등의 부정적인 감정은 교감신경을 예민하게 만들어 심장을 상하게 하지만 반대로 웃음은 부교감신경을 자극해 심장을 천천히 뛰게 하며 몸을 편안하게 만들어준다. 또한 스트레스를 진정시키고 혈압을 떨어뜨리며 혈액순환을 개선하고 소화액 분비와 면역력 향상에도 도움을 준다.

직장생활을 하다 보면 하루에도 몇 번씩 화가 치밀어 오르거나 간이 오그라드는 것 같은 부정적인 감정을 느끼게 되지만 기쁨과 슬픔을 조절하고 매사에 긍정적이면서 되도록 많이 웃는다면 분명 건강한 심신을 유지하는 데 보탬이 된다.

생활습관병은
생활습관을 바꿔야 낫는다

성인병은 잘못된 생활습관에 기인한다. 최근에는 성인병이라는 용어보다 생활습관병이라는 용어를 더 자주 사용할 만큼 생활습관은 질병 발생에 중요한 영향을 미친다. 특히 식습관, 운동습관, 흡연, 음주 등의 생활습관은 질병의 발생과 진행에 직접적인 영향을 미친다. 평소 생활습관을 잘 조절하는 것만으로도 성인병을 예방할 수 있다는 점을 기억하고 생활 관리에 집중해야 한다.

늘어나는 허리둘레, 절대 그냥 두면 안 된다

회식 등 음식을 많이 먹을 상황은 많은 반면, 업무 때문에 신체활동량은 늘 부족하다 보니 요즘 직장인들은 언제나 뱃살의 공포

211

에 떨어야 한다.

뱃살은 건강에 치명적이다. 몸이 남아도는 에너지를 다 처리하지 못하고 결국 '대사증후군'을 불러오기 때문이다. 대사과정에 문제가 생기면 몸은 고혈압이나 당뇨와 같은 병에 걸리게 되면서 줄줄이 이어지는 성인병에 시달리게 된다.

전문의들은 이러한 대사증후군의 위험성을 허리둘레에서 확인할 수 있다고 말한다. 남성의 경우 36인치, 여성은 32인치가 넘는다면 위험하다. 허리둘레를 줄이기 위해서는 지방과 밀가루의 섭취를 줄여야 한다. 이들 식품은 복부비만의 가장 큰 원인인 내장지방을 쌓이게 하기 때문이다.

평소 탄수화물을 줄이고 단백질 식품이나 채소를 많이 섭취하도록 한다. 식이요법과 더불어 운동을 병행하면 좋다. 흔히 윗몸일으키기 같은 복부 근육 운동을 생각하기 쉽지만, 복부비만을 해소하기 위해서는 유산소 운동을 통해 몸속으로 공급되는 산소의 양을 늘려주어야 한다. 지방을 연소시키는 데는 산소가 필수적이기 때문이다. 복근 운동은 지방이 어느 정도 해소된 뒤에 해야 효과가 있다.

혈압, 혈당, 콜레스테롤은 수시로 체크

직장인들이 매년 받는 건강검진 결과표 가운데 다 잊어도 반드시 기억해야 하는 수치가 세 가지 있다. 바로 혈압, 혈당, 콜레스테롤 수치다. 이 수치들을 제대로 관리하지 못하면 고혈압, 당뇨, 고지혈증, 이른바 3대 성인병이 찾아온다.

따라서 지난 해 받은 건강검진 결과표의 세 가지 수치를 숙지하고, 정상치에서 벗어났다면 정상범위에 들 수 있도록 식습관 조절과 운동 등을 통해 꾸준히 관리해야 한다.

건강 과신하지 말고 정기검진은 철저히

암이나 성인병 등 거의 모든 질병이 증가하는 추세여서 건강에 대한 관심이 높아지고 있다. 하지만 여전히 전문지식 없이 자가진단을 내리거나 초기 증상을 무시해 각종 질병을 악화시키는 경우가 많다.

사실 정기적으로 병원에서 검진만 받아도 많은 질병을 예방하거나 조기에 치료할 수 있다.

몸은 자신이 가진 최고의 자산이라는 사실을 기억하고, 몸에 이상이 있으면 증상이 경미한 경우라도 반드시 병원을 찾아 검진하는 습관을 들여야 한다. 정기검진은 1~2년에 한 번씩 받는 것이 좋으며, 40세 이상이라면 매년 검진을 받도록 한다.

간단하지만 효과만점인 운동의 절대강자, **걷기**

운동의 효과나 중요성은 잘 알고 있지만 시간과 장소, 비용 등 여러 가지 이유로 많은 직장인이 운동을 하기가 쉽지 않다. 하지만 이 모든 문제에 구애받지 않으면서 건강을 유지할 수 있는 탁월한 운동이 있다. 바로 '걷기'다.

걷기는 비교적 큰 노력 없이도 최상의 결과를 가져올 뿐만 아니라 남녀노소 누구나 안전하게 할 수 있어 더욱 좋다.

근력 강화는 물론, 스트레스까지 해소해준다

비만은 먹은 양보다 소모되는 칼로리가 적어서 생기는 문제다. 생활 속에서 몸을 많이 움직이는 습관을 들이면 체지방을 태워 비만을 개선하고 예방하는 데 도움이 된다.

　엘리베이터 문이 눈앞에서 열리더라도 비상구로 향한다. 몇 층 정도는 계단을 이용하는 습관을 들여 보자. 처음에는 3층, 5층으로 시작해서 점차 10층까지 늘려본다. 마음먹기가 어려워서 그렇지, 해보면 의외로 쉽게 계단을 이용하는 비중이 높아지는 것을 알 수 있다. 가까운 거리는 차를 두고 걸어가는 습관을 생활화한다.

　걷기는 면역력을 높여 감염성 질환과 암에 대한 저항력을 키워 주기 때문에 만병통치약이다. 가벼운 감기부터 골다공증, 각종 암 등 질병의 치료와 예방에 뛰어난 효과를 발휘한다. 특히 지속적으로 뼈를 자극해 골밀도를 유지하고 증진시켜 골다공증을 예방한다. 또한 뇌에 적당한 자극을 줘 자율신경의 작용을 원활하게 만들어 스트레스를 해소하고 불안감과 우울증을 감소시킨다.

　걸을 때는 발에 맞는 편안한 신발을 신고 보폭을 크게 해서 걷는

다. 걷는 틈틈이 스트레칭을 해서 근육을 이완시켜주면 더욱 좋다.

운동 목적에 따라 달라지는 워킹화 고르기

최근 다이어트, 걷기, 자세교정 등 다양한 기능성 워킹화가 출시되고 있다. 따라서 자신의 운동 목적에 맞게 특화된 기능성 제품을 선택하면 좋다.

워킹화를 고를 때는 밑창이 전체적으로 단단하되 앞볼 부분이 잘 구부러지는 제품을 고른다. 신발은 기본적으로 가벼울수록 좋지만 균형(무게중심)을 잡는 데 어려움이 생길 수 있으니 너무 가볍지 않은 게 좋다.

발뒤꿈치 충격을 잘 흡수하고 분산하는 기능이 있는지도 살핀다. 발 전체로 충격이 분산되는 달리기와 달리, 걷기는 발뒤꿈치에 몸무게의 약 3배까지 충격이 몰리기 때문이다.

다이어트를 목적으로 운동을 하는 20~30대라면 빠르게 걷기 때문에 바람이 잘 통하고 땀 배출이 원활한 소재의 제품이 좋다.

8장

건강도 병도
습관에서 온다

현대인이 앓고 있는 질병의 상당수는 생활습관 병이다. 생활습
관 병의 가장 큰 원인은 식생활의 서구화와 운동 부족에 있다.
직장인들은 음주, 흡연, 스트레스, 업무공간의 청결관리 미
흡, 운동부족 등으로 인해 다양한 질병에 노출되어 있다. 따라
서 습관만 바꿔도 많은 질병을 예방할 수 있다.
거의 모든 직장인들이 필요성을 절감하면서도 근절하지 못하는
음주, 흡연, 스트레스에 좀 더 적극적으로 대응해보자. 이 세 가
지로부터 자유로울 수만 있어도 건강을 되찾는 것은 물론, 시간
낭비와 비용을 줄이고 업무 효율을 극대화할 수 있다.

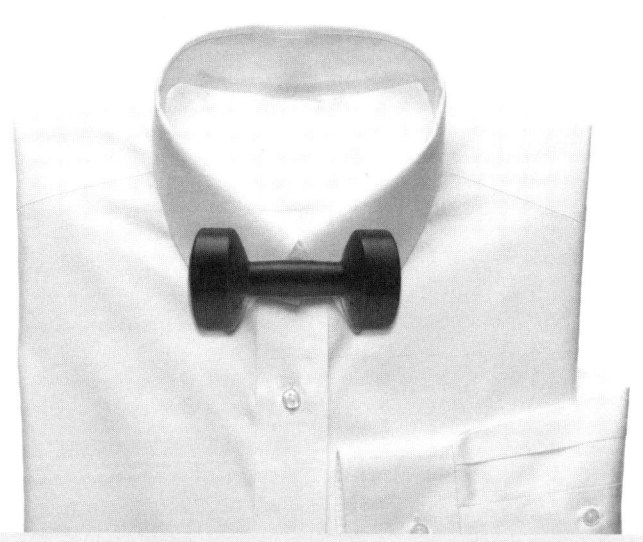

담배 한 모금으로 브레이크 타임?

스트레스가 많은 직장인들은 업무 중간에 피는 담배로 스트레스를 푼다. 하지만 담배의 니코틴 성분이 스트레스를 해소해주지 않는다. 잠깐의 휴식, 니코틴 부족으로 인한 금단증상의 해소 등이 잠시 개운한 느낌을 줄 뿐이다.

담배연기를 길게 내뿜을 때 느끼는 심리적인 안정감이나 만족감 외에 담배가 주는 긍정적인 효과는 전혀 없다. 말 그대로, 세상에서 담배만큼 백해무익한 것도 드물다. 담배 한 개비에 인체에 해로운 성분이 무려 4,700여 가지나 들어 있는 것만 봐도 알 수 있다.

세계보건기구의 2010년 자료에 의하면 세계적으로 직접 흡연으로 인한 사망자 수가 매년 510만 명, 간접흡연에 의한 사망자 수는 60만 명에 달하고 있다. 2020년에는 흡연자 비율이 전체 인구의 12

퍼센트를 넘어서면서 매년 1천만 명이 희생될 것으로 전망했다.

4,700여 가지의 유해성분을 자랑하는 담배의 유해성은 더 말할 필요도 없을 만큼 분명하다. 담배의 대표적인 독성물질인 니코틴은 흡연과 동시에 혈액 속으로 흡수돼 심장, 혈관, 호르몬 체계, 신진대사, 뇌 등 전신에 영향을 미친다. 실제로 전체 암의 30~40퍼센트가 담배로 인해 발생하고 있으며 오래 피울수록 발암물질의 악영향은 극명하게 드러난다.

흡연이 불러오는 다양한 질병

담배가 불러일으키는 질병은 폐암을 비롯해 온몸 곳곳에서 다양하게 나타난다. 가장 먼저 흔하게 나타나는 질환이 바로 구강 관련 질환이다.

치아 표면에 니코틴이나 타르 등이 붙어 치아가 황갈색으로 변하는 치아변색이 나타나면서 각종 잇몸질환과 충치의 원인이 된다.

그뿐만 아니라 흡연하는 동안 몸은 '혈압 상승'과 '혈관 수축'을 겪는데, 흡연을 하면 혈관이 수축하면서 혈액순환 장애가 발생하고 이로 인해 심혈관 계열 질환이나 동맥경화, 뇌동맥류 등의 질환을 발생시킨다. 이밖에 흡연이 일으키는 암 종류만 해도 폐암, 구강암, 인두암, 췌장암, 후두암, 방광암, 신장암 등 다양하다.

간접흡연도 해롭다

흔히 간접흡연은 '담배로 저지르는 살인'으로 불린다. 전문의들은 흡연자 옆에서 담배 연기를 마시는 2차 흡연 외에 옷이나 몸에 밴 담배 냄새를 맡은 3차 흡연만으로도 이미 담배의 유해물질에 노출된 것이라고 말한다. 흡연자의 옷과 피부, 머리카락에 묻은 유해물질이 호흡기를 통해 몸속으로 전달되기 때문이다.

담배 연기는 흡연자가 들이마신 후 내뿜는 주류 연기와 담배가 타면서 나오는 생담배 연기로 구분된다.

생담배 연기는 필터를 통해 유해물질이 여과된 것이 아니기 때문에 그 위해성이 더욱 크다. 누군가 담배를 피울 때 주위에 있는 비흡연자는 이 생담배 연기를 흡입하게 되는데, 전체 담배 연기의 80퍼센트에 달하는 양인데다 주류 연기에 비해 니코틴이 21배, 유해물질이 15~20배나 더 포함돼 있어 심각하다. 국제암연구소가 간접흡연을 암유발의 직접 원인이 되는 'A급 발암물질'로 규정하는 이유다.

간접흡연도 인체 곳곳에 악영향을 끼친다. 기본적으로 폐암이나 심혈관질환 외에도 귀로 가는 혈류를 방해해 청력 이상을 일으키고, 흡연가정 아이들은 정신장애를 갖기 쉽다.

담배 당장 끊어라

술과 달리 담배는 줄이는 것이 능사가 아니다. 과감히 끊어야 한다. 우선 금연할 결심을 세우고 가족과 주변인들에게 금연을 선언해라. 주변의 시선 때문에 자제하는 계기가 마련되는 것이다.

담배는 물론 라이터 등 흡연과 관련된 물건을 과감히 버리고 술자리 등 흡연욕구를 강력하게 불러일으키는 자리는 되도록 피한다.

흡연하는 사람들의 뇌는 담배를 보는 순간 '딱 한 개비만 피우고

끊자'라고 생각한다. 흡연에 길들여진 뇌를 금연뇌로 바꿔야 한다. 담배의 해악을 알리는 자료나 영상을 보는 것도 하나의 방법이 될 수 있다. 그 영상을 통해 받는 충격이 뇌에 자극을 주기 때문이다.

그래도 담배를 피우고 싶으면 간식을 먹거나 찬물 한 잔을 마셔라. 흡연욕구가 일시적으로 누그러지는 효과가 생긴다.

술이 일으키는
건강 이상

음주로 인해 가장 큰 피해를 입는 장기는 간이다. 음주를 과도하게 하면 알코올성 간 질환이 나타나게 되는데 증상이 없는 단순 지방간, 알코올성 간염, 간경화증, 간경화로 인한 간 부전 등 다양한 질환이 여기에 해당된다.

사람마다 알코올을 처리하는 능력에는 차이가 있어서 '과도한 음주'의 기준은 개인마다 차이가 있다. 하지만 대개 음주량이 많을수록, 음주기간이 길수록 알코올성 질환이 발생할 가능성이 높아진다. 보통 한꺼번에 마셔도 간에 무리가 가지 않는 알코올 양은 50그램 정도다. 술로 치자면 소주 3~4잔에 들어 있는 분량이고, 양주는 스트레이트 3잔, 맥주는 2병 정도라고 할 수 있다.

간이 감당하지 못할 만큼 많은 양의 알코올을 섭취하면 간에 과부하가 걸리게 된다. 알코올의 독성분을 간이 일시에 해독하지 못하면 몸속에 남아 있는 독성분은 몸 곳곳을 돌아다니면서 갖가지 질병을 일으킨다. 술을 많이 마셨다면 적어도 3일 정도 금주하며 간을 쉬게 해줘야 한다.

술과 함께 섭취하는 기름진 안주의 폐해도 크다. 안주의 지방 성분이 간에 그대로 축적돼 지방간을 일으키는 원인으로 작용하기 때문이다. 따라서 술자리에서는 육류나 튀김의 안주보다 신선한 과일이나 해물 안주를 선택하는 것이 그나마 낫다.

음주로 인해 발생하는 여러 가지 질환

우리가 마신 술은 간에서 1차로 독성물질(아세트알데하이드)로 변한 뒤 최종적으로 독성이 없는 초산으로 대사代謝된다. 그런데 간이 분해할 수 있는 용량 이상의 알코올이 일시에 들어오면 허용치를 넘어선 아세트알데하이드가 초산으로 변하지 못하고 축적되어 간을 파괴하기 때문에 과음이 문제가 있다고 하는 것이다.

간이 계속된 과음으로 손상되면 지속적으로 흡수되는 암모니아를 장에서 해독하지 못해 암모니아가 혈액 속으로 역류하게 되는, 이른바 암모니아 중독 증상이 나타난다. 암모니아에 중독되면 온몸이 나른하고 피로하면서 식욕이 없으며 구역질이 나거나 정신을 집중하기 어렵게 된다.

비교적 증상이 경미하거나 자각 증상이 없는 알코올성 지방간 환자들은 알코올로 인해 다른 장기가 손상돼 병원을 찾는 경우가 많다. 지방간은 고지혈증이나 동맥경화, 당뇨 등을 초래할 수 있다. 알코올성 간염 환자의 경우 대부분 경미한 발열, 간 비대, 황달과 식욕감퇴 등을 겪게 된다. 심해지면 간세포가 손상되고 알코올성 간경화로 진행된 뒤에는 복수, 식도 정맥류출혈, 간의 병 때문에 간세포가 죽거나 약해져서 간 기능 상실이 생기는 결과 정신이 혼미해지는 간성혼수 등의 증상이 나타난다.

경미한 알코올성 지방간과 알코올성 간염의 경우 술을 끊으면 간 기능이 호전되며 간경화로 진행되는 것도 예방할 수 있다.

건강과 더불어 아름다움까지 해치는 술

음주로 인한 폐해는 이밖에도 많다. 몸으로 느끼는 가장 큰 변화는 바로 '살'이다. 살이 찌는 것은 주로 늦은 밤에 칼로리 높은 술과 기름진 안주를 섭취한 데 따른 당연한 결과다. 그러나 직장인이 살이 찐다는 이유로 회식자리를 거부할 수 없다. 게다가 회식이 반갑지 않은 경우 스트레스를 받게 되는데, 이때는 스트레스 호르몬의 일종인 코르티솔이 과다 분비된다. 이것이 바로 지방의 생성과 축적을 가속화해 먹은 대로 살이 되게 한다.

피할 수 없는 회식자리라면 오히려 즐기는 쪽으로 마음을 바꾸고 채소나 과일, 해조류처럼 칼로리가 낮으면서 비타민과 미네랄이 풍부한 음식을 챙겨먹는 것이 건강에 이롭다.

과음은 피부에도 절대 악이다. 술을 많이 마시면 알코올이 체내 수분을 증발시켜 피부가 건조해지고 잔주름이나 기미, 뾰루지 등 피부 트러블이 생기기 쉽다. 이를 막기 위해서는 술자리에서 수시로 물을 마셔 수분 부족을 예방하고 체내 알코올 농도를 희석시켜야 한다.

술만 마셨다 하면 유난히 얼굴이 빨개지는 사람들이 있는데, 이 경우는 더욱 주의를 요한다. 모세혈관 확장으로 인한 안면홍조가 계속되면 혈관의 긴장도가 떨어져 얼굴이 더 빨리, 더 쉽게 붉어지고 나중에는 늘어난 실핏줄이 겉으로 드러나 보이는 증상으로 발전한다. 이른바 '딸기코'라고 불리는 '로사세아'가 생기는 것도 이 같은 기전에 의한 것이다. 이런 사람들은 되도록 술을 적게, 천천히 마시는 습관을 들이고 술자리에서도 물을 자주 마시도록 한다. 테이블에서 고기를 굽거나 찌개를 끓일 때 불에 가까운 자리는 피해서 앉고 너무 맵거나 뜨거운 안주도 먹지 않는 것이 좋다.

기왕 마시는 술, 똑똑하게 마시자

술로 인한 폐해를 줄이는 가장 좋은 방법은 역시 금주다. 하지만 직장생활을 하면서 술을 안 마시기란 거의 불가능하다. 사회생활을 하다 보면 회식, 모임 등 이래저래 술 마실 일이 많아질 수 밖에 없다.

술을 꼭 마셔야 한다면 의식적으로 음주량을 줄이려 노력하면서 조금이라도 몸에 덜 해롭게, 똑똑하게 마시도록 한다.

우선 빈속이면 알코올 흡수가 빨라지니 술을 마시기 전에 배를 어느 정도 채우는 것이 좋다.

술을 고를 때 가급적 알코올 도수가 낮은 주류를 선택한다. 안주는 기름기가 적은 살코기나 생선회, 과일 등을 선택한다. 또한 자신의 주량을 정확하게 파악해 몸에 무리가 가지 않는 선에서 음주량을 조절해야 한다.

혈중 알코올 증가 속도가 빠를수록 장기 손상의 위험이 커지므로 술은 되도록 천천히 마시고 폭탄주 등은 피한다.

간이 회복할 수 있는 시간이 필요하므로, 술을 마신 뒤에는 3일 정도 금주하는 게 좋다. 술 마신 다음 날에는 무조건 몸을 쉬게 해야 하니 해장한다면서 해장술을 하는 바보 같은 행동은 하지 말자.

숙취에서 빨리 벗어나는 방법

회식 다음 날이면 꼭 매운 짬뽕이나 라면, 감자탕 등 얼큰한 국물을 찾는 사람들이 있다. 그러나 이런 음식들은 숙취 해소보다는 위장장애나 체중 증가의 원인이 될 수 있다. 그 대신 아스파라긴산

228

asparagine酸이 풍부한 콩나물국이나 북엇국처럼 담백한 음식을 먹는 것이 좋다. 우롱차, 녹차, 비타민과 무기질이 풍부한 과일주스 등도 도움이 된다.

과음 후에는 몸이 무겁고 귀찮더라도 몸을 더 자주 움직여야 숙취가 해소되고 비만이 예방된다. 점심식사 후 간단히 산책을 하거나 계단 오르내리기를 하고, 시간적인 여유가 된다면 자전거를 타는 것도 좋다.

운동시간이 부족하다면 사무실 의자에 앉아 허리 비틀기나 몸통 돌리기, 무릎 들어올리기 등 간단한 스트레칭 동작을 반복한다.

직장인을 병들게 하는
업무 스트레스

잡코리아가 남녀 직장인 599명을 대상으로 실시한 '직장인 우울증 현황'에 따르면 국내외 기업에 재직 중인 직장인 중 77.8퍼센트는 출근만 하면 무기력해지고 우울해지는 '회사 우울증'에 시달리고 있는 것으로 나타났다. 이들은 회사 밖에서는 활기차지만 출근만 하면 우울해진다고 한다. 특히 여성 직장인의 우울증 경향이 78.6퍼센트로, 남성 직장인 77.2퍼센트에 비해 높았다.

직급별로는 조직 내 중간관리자인 과장급이 81.3퍼센트로 가장 높았으며, 막내격인 사원급의 회사 우울증도 81.2퍼센트를 차지했다. 연령대별로는 회사 내 실무가 가장 많은 30대가 81.2퍼센트로 가장 높았다. 이들이 회사에서 우울한 이유는 주로 '미래에 대한 불확실한 비전'(59.4%)이 가장 높았고 '과도한 업무량'(44%)이 그

뒤를 이었다.

문제는 직장인 대부분이 이 같은 회사 우울증을 제대로 극복하지 못하고 있다는 점이다. 실제로 '회사 우울증'을 겪는 이들의 21.9퍼센트만이 운동 등 건전한 취미생활로 스트레스를 해소한다. 그 다음으로 술이나 담배로 해소한다(20.8%), 친구나 가족과 터놓고 대화한다(19.3%), 다른 회사로 이직을 준비한다(13.3%), 직장동료와 대화한다(12.9%) 순이었다.

직장인들은 원초적인 방법으로 스트레스를 푸는 경향이 강해서 남성 직장인들은 주로 술, 담배나 게임 등으로, 여성 직장인들은 잠을 자거나 군것질 또는 '무조건 꾹 참는다'는 식이었다. 결국 스트레스를 제대로 푸는 방법을 알지 못해서 몸에 화풀이를 하는 상태까지 내몰려 있는 것이다.

스트레스 해소, 적극적으로 나서야 한다

스트레스를 이겨내기 위해서는 스트레스의 원인을 찾아 적극적이고 능동적으로 대처해야 한다. 마음에 맞는 친구와 대화를 하며 스트레스의 원인을 곰곰이 떠올려보거나 스트레스의 원인을 노트에 적어 하나하나 처리하는 것도 좋은 방법이다. 명상으로 자신을 돌아보거나 조용한 음악을 듣는 것도 스트레스에서 벗어나 몸과 마음을 쉬게 하는 방법이 된다.

운동은 가장 좋은 스트레스 해소법이다. 땀을 흘릴 정도의 강도로 운동을 하면 기분이 상쾌해지는 것은 물론, 건강까지 좋아져 스트레스에 저항할 힘이 길러진다.

모든 병이 그러하듯 스트레스도 초기에 잡을수록 효과적이다. 스트레스를 숨기기보다는 웃음치료, 명상치료, 산림욕 등 각종 치유 프로그램에 적극적으로 참여한다. 스트레스가 심각할 경우 병원이나 상담기관을 찾아 자신의 고민을 내놓는 데 망설임이 없어야 더 빨리, 더 쉽게 극복할 수 있다.

하루 7시간 이상 수면은 필수

우리는 인생의 3분의 1을 잠에 할애하고 있다. 하루하루 쫓기며 살아가는 직장인들 중에는 이 시간도 아깝다고 하지만, 하루 일과를 마친 뒤 취하는 수면은 또 다른 하루를 상쾌하고 건강하게 맞이하기 위한 일종의 투자라고 생각해야 한다.

직장인들의 과도한 업무 스트레스와 노동 강도는 심신을 약화시키기 쉽다. 피로와 스트레스는 쌓인 즉시 풀어주는 것이 가장 좋은데, 일에 쫓기다 보면 제때 해소하지 못하고 누적되어 결국 병으로 돌아온다. 그러므로 매일 7시간 정도 수면을 취하고 짬짬이 휴식을 취해 심신을 재충전해야 한다.

무조건 하루 7시간을 채워 잠을 잤다고 건강해지는 것은 아니다.

스트레스

제대로 숙면을 취해야 한다. 그러기 위해서는 잠에 방해가 되는 카페인 음료와 담배, 술 등을 멀리해야 한다.

취침 서너 시간 전에는 심한 육체활동을 삼가는 것이 좋고, 졸리면 억지로 잠을 쫓으려 애쓰기보다 잠깐이라도 눈을 붙이도록 한다. 점심시간에 15분 정도 짧게 낮잠을 자는 것도 업무로 인해 쌓인 피로를 푸는 데 도움이 된다.

SOS! 사무실 응급처치 요령

사고는 언제 어디에서 터질지 모른다. 사무실 역시 예외가 아니다. 당황하는 사이 자칫 인명피해가 발생할 수도 있는 긴급상황이 올 때 우리는 어떻게 행동해야 할까? 뜻하지 않은 응급사태에 대비한 응급처치 요령에 대해 알아보자.

• 출혈이 있을 때

최대한 빨리 손바닥으로 출혈부위를 압박해 지혈하는 직접압박법이 있다. 손을 대면 상처를 오염시킬 수 있지만 우선 출혈을 막는 것이 더 중요하다. 출혈이 멈춘 뒤에는 소독된 거즈나 깨끗한 천으로 상처 부위를 단단히 감고 부상부위를 심장보다 높이 올려준다.

손바닥이나 손가락으로 동맥을 강하게 눌러 뼈를 압박하는 지압법도 있다. 지혈을 완벽히 하기 어렵지만 큰 출혈은 막을 수 있다.

• 화상을 입었을 때

화상 부위를 흐르는 차가운 물로 식혀 조직의 손상을 막고 통증을 줄인다. 피부에 옷이 달라붙어 있다면 억지로 떼어내지 말고 병원의 의사에게 맡긴다. 목걸이나 팔찌, 시계 등을 착용한 부위에 화상을 입었다면 즉시 제거하는 것이 흉터를 예방하는 방법이다.

• 급체했을 때

명치끝이 답답하고 거북한 느낌이 든다면 급체를 의심해야 한다. 손쉽게 할 수 있는 응급처치로 손가락 끝을 따는 방법이 있다.

손가락 끝에 피가 몰리도록 반복해서 팔을 훑어 내린 뒤 엄지손가락 손톱의 바깥쪽 부분을 바늘로 따준다.

양손을 다 따주면 좋은데, 바늘을 통해 감염될 수 있으므로 일회용 바늘이나 침을 사용하는 게 좋다. 하지만 고혈압이나 당뇨를 앓고 있는 환자가 상복부에 통증을 호소한다면 심근경색에 의한 증상일 수 있으니 즉시 병원으로 간다.

엄지와 검지가 갈라진 '합곡'이라 불리는 부위를 1~2분가량 꾹 눌러주는 것도 도움이 된다.

• 음식을 먹다 기도가 막혔을 때

음식이 목에 걸려 캑캑거리고 말을 하지 못한다면 등을 두드려 기침을 하도록 독려하거나 강제로 음식물을 토하게 한다. 환자의 등 뒤에서 양 팔로 허리를 감고 서서 환자의 상복부에 주먹을 대고 다른 손으로 주먹을 감싼 뒤 복부를 위쪽으로 강하게 끌어당기며 압박한다. 이렇게 하면 대부분 목에 걸린 음식이 밖으로 튀어나온다.

• 못에 찔렸을 때

상처부위에서 성급하게 못을 빼내면 파상풍이나 각종 세균 감염의 위험이 있다. 상처부위를 깨끗한 물로 씻은 뒤 깨끗한 천으로 감싸고 병원으로 간다.

• 갑자기 쓰러졌을 때

정신을 잃고 바닥에 쓰러진다면 바닥에 바로 눕히고 벨트나 브래지어 등 몸을 조이는 옷을 풀어 준다. 의식을 잃은 상태에서는 토사물이 기도로 넘어가 질식을 유발할 수 있기 때문에 얼굴은 옆으로 돌려준다.

찬물이나 우황청심환 등을 먹이는 일은 환자를 위험에 빠뜨릴 수 있으므로 119에 연락하고 환자 상태를 지켜보도록 한다.

• 갑작스런 호흡곤란이 찾아왔을 때

갑작스런 호흡곤란은 과호흡 증후군으로 인해 발생하는 경우가 많다. 과호흡 증후군은 호흡 중 이산화탄소가 과도하게 배출되어 동맥혈 내의 이산화탄소 양이 정상 범위 아래로 떨어진 상태를 말한다. 갑자기 가슴이 답답하게 느껴질 때 그 답답함을 벗어나려고 급하게 호흡하는 동안 흥분상태에 빠지거나 실신하는 것이다.

과호흡 증후군이 찾아왔다면 일단 환자를 바닥에 똑바로 눕힌 뒤 조이는 옷을 느슨하게 풀어주는 등 심신의 안정을 취하게 한다. 그리고 천천히 심호흡을 하도록 유도하는데, 코로 숨을 들이쉬게 했다가 입을 오므려 천천히 내쉬게 유도한다. 증상이 심할 경우 비닐봉지나 종이컵을 환자의 코, 입에 대고 그 속에서 재호흡을 하게 한다.

과호흡 증후군 환자에게 인공호흡은 치명적이다. 증상을 세심히 살펴 응급처치를 하다가 호전되지 않으면 119에 연락한다.